Mach, was du willst, Mose!

Jüdischer Humor

Herausgegeben von Michal Lion

Gütersloher Verlagshaus

Originalausgabe

Die Deutsche Bibliothek – CIP-Einheitsaufnahme

Mach, was du willst, Mose!: jüdischer Humor / hrsg. von Michal Lion. –
Orig.-Ausg. – Gütersloh: Gütersloher Verl.-Haus, 2000
(Gütersloher Taschenbücher; 748)
ISBN 3-579-00748-3

ISBN 3-579-00748-3

Umschlaggestaltung: INIT, Bielefeld
Illustrationen (Cover und Innenteil): Vladimir Mir, Wuppertal
Satz: Weserdruckerei Rolf Oesselmann GmbH, Stolzenau
Druck und Bindung: Těšínská Tiskárna AG, Český Těšín
Gedruckt auf chlorfrei gebleichtem Werkdruckpapier
Printed in Czech Republic

Inhalt

Vorwort

Was ist der jüdische Witz? In der überlieferten Tradition ist das die Beschreibung jener Schwierigkeiten, mit denen die Juden im Laufe der Jahrhunderte ihres Daseins konfrontiert waren und mit denen sie auf ihre Art und Weise fertig zu werden versuchten. Je schlimmer die Zeiten waren, desto öfter griffen sie zu der einzigen Waffe, die sie hatten: in einer philosophisch angehauchten Erzählung, die mit Humor gewürzt war, versuchten sie, die schlimmen Ereignisse zu bewältigen und den Druck von Außen wegzustecken.
Die klassischen jüdischen Witze im mitteleuropäischen Raum stammen aus dem Ghetto oder dem Städtl. Sie sind einerseits ein Klagelied über alles, womit ein gläubiger Jude fertig werden mußte: die vielen Ge- und Verbote der im Talmud vorgeschriebenen Gesetze, die Armut, das Eheleben, die komplizierte Beziehung zu Gott, das nicht einfache Zusammenleben mit den christlichen Nachbarn, die Assimilation, die Pogrome, das Geschäft und andererseits ein Freudengesang über die Rabbis, die Wunderrabbis und die Zadikim. Nach dem zweiten Weltkrieg gab es in Mitteleuropa fast keine jüdischen Gemeinden mehr; der kleine Rest der Überlebenden hat wenig Kraft gefunden, um das ehemalige Leben fortzuführen. Die neuen Witze, die sich die Menschen erzählen, stammen heutzutage aus Israel oder aus Übersee. In den USA ist im jüdischen Witz mehr und mehr die Situation im weltlichen Bereich beschrieben; oft ist es so, daß er bei einer Namensänderung anderen Bevölkerungsgruppen zugeschrieben werden könnte.

Hier ein Beispiel:

Auf einem Flug von Tel Aviv nach New York sitzt ein älterer Mann neben einer stolzen jungen Mutter, die ihr Baby im Arm hält. Einmal in der Luft, schaut der Mann in Richtung des Neugeborenen und seufzt: – Ojwaj! Nie in meinem Leben habe ich so ein häßliches Baby gesehen!
Die Mutter ist tief getroffen. – Wie wagen sie so etwas zu sagen? schreit sie den Mann an.
Die Flugbegleiterin hört die erregte Stimme und eilt zu dem streitenden Paar.
– Ich wünsche nicht, daß auf einem El-Al-Flug gestritten wird.
– Er hat mich beleidigt, schreit die aufgeregte junge Mutter.
Die Stewardeß bietet dem Mann einen neuen Platz an und dann wendet sie wieder ihre Aufmerksamkeit der Mutter zu.
– Ich weiß, Sie haben sich aufgeregt, es tut mir sehr leid. Ich werde Ihnen gleich einen Drink zur Beruhigung holen und natürlich auch eine Banane dem Affen auf ihrem Schoß bringen.

In Israel bedient man sich zwar immer noch jüdischer Themen, aber sie sind bereits von der Terminologie unserer Zeit angehaucht:
Der Exodus hatte begonnen. Moses stand am Ufer des Roten Meeres und schaute traurig das Wasser an, das eine Weiterreise zu verhindern schien. Man konnte schon die Ägypter in der Ferne sehen, die das Volk Israel zurückbringen sollten. Moses wandte sich an seinen PR Manager um Rat, aber dessen Blick war ratlos. Plötzlich erstrahlte Moses' Gesicht und er rief aus: – Sag mal, ich habe eine großartige Idee! Stell dir vor, ich würde meine rechte Hand heben, worauf sich das

Wasser im Roten Meer teilen und für uns den Weg freimachen würde. Und dann, nachdem alle unsere Leute die andere Seite erreicht haben, würde ich meine linke Hand heben, das Wasser würde sich schließen und die Ägypter, die uns verfolgen, in seinen Fluten begraben. Was sagst du dazu?
Der PR Manager dachte sofort weiter.
– Hör mal zu, Moses, wenn dir dieses Wunder gelingt, garantiere ich dir zehn volle Seiten in der Bibel.

Vielleicht ist der moderne jüdische Witz das erste Zeichen dafür, daß sich die Juden in vielen Ländern wohl fühlen, daß sie sich von jenen Plagen, die sie seit Jahrhunderten gequält haben, befreiten. Die neuen Generationen von Glaubensgenossen werden die jahrtausendelange Tradition weiterpflegen, aber ihre täglichen Sorgen werden sich nicht von denen ihrer Mitbürger unterscheiden. Somit wird sich auch der Humor der Juden neu gestalten.

Ist das gut so? Ich weiß es nicht. Die frühere Welt, die wir so gut aus Geschichten, Parabeln und Erzählungen kennen, ist verschwunden. Aber obwohl die neuen Lebensbedingungen der Juden neue Voraussetzungen, die dann im Witz wiedergegeben werden, schaffen, bleiben die alten Charakteristika bestehen, nämlich: der Wille zu überleben, die Schwierigkeiten zu überwinden, die Realität zu entschuldigen und zu meistern, und die Freuden und Sorgen mit den anderen zu teilen.

Mitten im Leben

Heirat, Eheleben, Scheidung

Hermann kam von der Synagoge nach Hause und fand seine Frau in Tränen.

– Liebling, was ist passiert? fragte er.

– Jemand hat die drei Kilo Gänseschmalz gestohlen, das ich für Pessach vorbereitet hatte, weinte sie.

– Aber das ist doch unmöglich! Es war doch keiner hier außer dir und mir und der Katze. Hermann schaute die Katze mit einem mißtrauischen Blick an. – Es steht fest, die Katze hat es gefressen.

– Ich habe mir das auch gedacht, sagte die Frau und wischte sich die Tränen mit ihrem Ärmel weg, und ich habe sie, um sicher zu sein, auf die Waage gelegt und sie wog genau drei Kilo.

– Wir haben es mit einem mysteriösen Fall zu tun, sagte Hermann. Wir haben die drei Kilo Schmalz gefunden, aber wohin, glaubst du, ist unsere Katze gegangen?

∽ ∼

– Mein Gott – es regnet! Und meine Frau ist in der Stadt und hat ihren Schirm nicht mitgenommen!

– Hab keine Angst! Sie wird sich sicherlich in einem Geschäft versteckt haben.

– Nu, genau davor habe ich Angst!

∽ ∼

Ein junger Vater schiebt einen Kinderwagen im Park hin und her, und sein Nachwuchs brüllt aus voller Lunge. Der Vater schaukelt den Kinderwagen und sagt leise:
– Moische, ich bitte Dich, beruhige Dich! Sei vernünftig, Moische!
Eine ältere Frau geht vorbei und schaut den Vater voller Begeisterung an.
– Sie sind aber ein geduldiger Vater! Und was für ein schönes Kind Sie haben! Und der schöne Name: Moische ...
– Aber nein, Madam, sagt der Vater. – Das Kind im Kinderwagen ist Sara. Moische bin ich.

Herr Gold hat eine sehr hübsche Frau. Eines Tages sagt ihm im Vertrauen sein bester Freund: – Mensch, bist Du blind? Deine Frau hat vier Liebhaber!
– Wieso blind, antwortet kaltblütig Herr Gold. – Ich bin lieber Teilhaber eines guten Geschäfts mit zwanzig Prozent, als eines schlechten Geschäfts mit hundert Prozent.

– Wie alt sind deine schönen Buben? fragt Sara Miriam.
– Dem Professor sind drei und dem Anwalt zwei.

Meine erste Frau hat sich aus religiösen Gründen scheiden lassen. Sie glaubte an die Macht des Geldes und ich hatte keines.

– Harry, warum stehst du immer draußen am Balkon, wenn ich singe? sagt die Ehefrau. – Du weißt doch, daß mich das verletzt.

– Was erwartest du, daß ich tue? sagt Harry. – Soll ich vielleicht im Haus bleiben und zulassen, daß sich die Nachbarn denken, daß ich dich schlage?

Ein modernes, orthodoxes Ehepaar bereitet sich für seine Hochzeit in der Synagoge vor und trifft sich das letzte Mal mit dem Rabbiner. Nachdem alle Fragen geklärt wurden, fragt der Mann:

– Rabbi, ist das wahr, daß Männer und Frauen nicht zusammen tanzen dürfen?

– Das ist wahr, aus Gründen der Bescheidenheit tanzen Männer und Frauen voneinander getrennt.

– Also ich kann nicht einmal bei unserer Hochzeit mit meiner Frau tanzen? will der Mann wissen.

– Genauso ist das, sagt der Rabbiner.

– Nu, in Ordnung. Gibt es auch Vorschriften, die das Sexualleben regeln?

– Nein, sagt der Rabbiner, – Sex ist eine Mizwa im Eheleben, man soll Kinder bekommen und da gibt es keine Einschränkungen.

– Man kann also die verrücktesten Stellungen wählen und trotzdem nach dem Gesetz leben? will der Mann wissen.

– So ist das, sagt der Rabbiner.

– Die Frau oben, das ist in Ordnung?

– Sex ist eine Mizwa, es ist in Ordnung.

– Auch am Tisch?

– Sicher, es ist eine Mizwa.

– Auch im Stehen?
– Nein, im Stehen ist Sex nicht erlaubt.
– Warum nicht?
– Das könnte zum Tanzen führen, sagt der Rabbiner.

Sarah ist ein gutes jüdisches Mädchen. Sie heiratet und hat zehn Kinder. Dann stirbt plötzlich ihr Mann. Sie heiratet wieder und in dieser Ehe hat sie zwölf weitere Kinder. Sie überlebt ihren zweiten Mann um einige Jahre und als sie stirbt, ist sie fast 60.
Bei der Beerdigung schaut der Rabbi in Richtung Himmel und sagt: – Endlich sind sie zusammen.
Der älteste Sohn, der ganz vorne steht, sagt: – Entschuldigung, Rebbe, aber meinen Sie damit sie und meinen Vater, oder sie und meinen Stiefvater?
Der Rebbe erwidert: – Ich meine ihre Beine.

Und dann gibt es die Geschichte einer dominanten Frau, die ihren schon lange leidigen Mann anbrüllte: Hör endlich auf den Unsinn zu reden! Wenn du was zu sagen hast, halt den Mund!

Nach einem Streit sagte Moische zu seiner Frau:
– Ich muß wahnsinnig gewesen sein als ich dich heiratete.
Sarah erwiderte: – Das ist möglich, aber ich war zu verliebt, um es zu merken.

Abraham: Vater, ist es wahr, daß in einigen Ländern Afrikas die Männer erst nach der Hochzeit ihre Frauen kennenlernen?
– Das passiert in allen Ländern, mein Sohn.

Rivka berichtet ihrer Freundin:
– Ich habe meinen Mann zum Millionär gemacht!
– Und was war er vor der Hochzeit? will die Freundin wissen.
– Ein Milliardär.

– Meine Frau ist ein Engel! sagt Shlomo stolz.
– Du hast Glück, erwidert Moritz, meine lebt noch.

– Einmal, als ich ein kleines Kind war, habe ich in der Menge meine Eltern verloren, erzählt Benjamin. Da sah ich einen Polizisten und bat ihn, mir zu helfen, meine Familie wiederzufinden. Ich sagte:
– Glauben Sie, daß wir sie je wiederfinden werden?
Er sagte: – Ich weiß nicht, Kind ... es gibt hier so viele Orte, wo sie sich verstecken können.

Schüler: Warum hat Gott den Mann vor der Frau gemacht?
Rabbi: Weil er keine Ratschläge hören wollte, wie er den Mann machen soll.

Lebkowitz trifft seinen alten Freund Calmann, einen Dichter.
– Calmann, wie geht's? Schreibst Du noch Gedichte?
– Es geht mir blendend! Ich habe zweimal so viele Leser als am Anfang meiner Karriere.
– Nu, mazel tov, sagt Lebkowitz. Ich wußte nicht, daß du geheiratet hast!

Jankele und Isak treffen einander in Florenz am Hauptplatz.
– Was machst du hier? fragt Jankele.
– Ich bin hier auf Hochzeitsreise, sagt Isak.
– Ich gratuliere, und wo ist deine Frau?
– Jemand muß doch im Geschäft bleiben!

Roubitschek kommt nach Hause und fängt an, seine Sachen zu packen.
– Wohin fährst Du, will Lea wissen.
– Ich fahre nach Haiti.
– Warum nach Haiti? will Lea wissen.
– Warum, warum. Auf Haiti zahlen sie 10 Mark für jeden Geschlechtsverkehr!
Und jetzt fängt Lea an zu packen.
– Wohin willst du fahren? will Roubitschek wissen.
– Auch nach Haiti.
– Warum nach Haiti?
– Ich will sehen, wie du mit 20 Mark im Jahr auskommst.

Was ist der Unterschied zwischen einer jüdischen Schwiegermutter und einem Geier? fragt Herr Kohn den Herrn Stein.
– Das weiß ich nicht.
– Der Geier wartet, bis wir gestorben sind.

– Du kannst mir gratulieren, sagte Samuel zu seinem Freund, dem Fleischhauer, als ihm der sein bestelltes Fleisch gerade einpackte. Meine Frau hat gerade einen fünf Kilo schweren Buben geboren!
Der Fleischhauer nickte abwesend, seine Gedanken bei seiner Arbeit. – Wirklich? Mit oder ohne Knochen?

Schlemiel war mit einer Frau verheiratet, derer Befehle schärfer waren, als das Gebiß einer Schlange. Es war nicht so, daß er feige war, oder daß er nicht zurückschreien konnte, aber Sie wissen wie das ist ... was tut man nicht für den Frieden in der Familie.
Eines Tages lud die Frau Freundinnen zu einem Bridgespiel ins Haus ein. Um sicher zu sein, daß der Mann nicht störte, befahl sie ihm, sich im Kasten zu verstecken und nicht früher herauszukommen, bevor die letzte Dame das Haus verlassen hatte.
Während des Spiels sprachen die Damen auch über ihre Autorität, die sie zu Hause genießen. Um Schritt zu halten, informierte die Gastgeberin alle anderen Damen, daß sie nicht nur ihrem Mann befahl, im Schrank zu verschwinden, sondern sie konnte ihm auch jederzeit befehlen herauszukommen. Und ging sofort daran, es zu beweisen.

– Schlemiel, befahl sie, komm raus aus dem Schrank!
Keine Antwort.
– Schlemiel! rief sie mit voller Lunge. Ich befehle dir, sofort herauszukommen!
– Nein, ich werde nicht herauskommen, kam seine gedämpfte Antwort aus dem Schrank. Ich werde dir zeigen, wer in unserem Haus die Hosen an hat!

~ ~

– Du sagst, du willst dich scheiden lassen und willst mir nicht sagen warum? fragte der Rabbiner.
– Ich habe meine Gründe, sagte der Mann dickköpfig.
– Ich kann mir deine Gründe nicht vorstellen. Deine Frau ist nett, freundlich und, wenn ich das so sagen darf, auch gut gebaut. Ich sehe wirklich keinen Grund, worüber du dich beschweren kannst.
Zur Überraschung des Rabbis zog der Mann seinen Schuh aus.
– Schau dir diesen Schuh gut an, sagte der Mann. Das Leder ist weich und es ist wunderschön verarbeitet, ein tolles Produkt.
– Aha, eine Parabel.
– In gewissem Sinne schon, Rabbi. Ich bin der einzige, der weiß, daß er drückt.

~ ~

– Samuel, wach auf, rief die Ehefrau.
– Was ist denn los? murmelte der Mann.
– Du sprichst wieder im Schlaf. Warum beherrschst du dich nicht?

– In Ordnung, einigen wir uns. Du wirst mich reden lassen, wenn ich wach bin und ich werde versuchen, mich zu beherrschen, wenn ich schlafe!

Ein Volksschullehrer fand eine Anstellung in der nicht sehr weit entfernten benachbarten Gemeinde und, obwohl die Ortschaften nur einige Kilometer voneinander lagen, besuchte er seine Familie nur am Pessachfest.
Während einer seiner Besuche fragte ihn der Rabbiner, warum er nur einmal im Jahr nach Hause käme. – Schließlich, meinte er, du bist nahe genug, um deine Familie einmal in der Woche zu sehen.
Der Volksschullehrer starrte ihn an, als ob er von Sinnen wäre.
– Rabbi, ich komme einmal im Jahr zurück und jedes Mal hat meine Frau ein neues Baby, sagte er. Jetzt willst du, daß ich jede Woche komme. Weißt du überhaupt, was das für mich bedeuten würde?

In einem entlegenen Dorf im Jemen lebte ein jüdisches Ehepaar, das nie die Dorfgemeinde verlassen hatte und über die Errungenschaften der modernen Gesellschaft nichts wußte.
Eines Tages wurde der Ehemann in eine andere Stadt auf Dienstreise geschickt. Seine Frau küßte ihn zum Abschied und wünschte sich ein Geschenk aus der Stadt.
Der junge Mann erledigte seine Geschäfte und dann suchte er für seine Frau einen runden Spiegel aus. Nach seiner Rückkehr überreichte er das Geschenk, seine Frau untersuchte den Spiegel mit Mißtrauen. Plötzlich sah sie zu ihrer großen Über-

raschung in dem Spiegel ein Abbild einer wunderschönen Frau. Für einen Augenblick betrachtete sie das Abbild und dann lief sie plötzlich voller Angst zu ihrer Mutter.

– Mama, mein Mann liebt mich nicht mehr! Er hat sich eine wunderschöne Frau aus der Stadt nach Hause mitgebracht!

– Wo ist sie? wollte die Mama wissen.

– Hier, seufzte die Ehefrau. Schau sie dir selber an!

Die Mama nahm den Spiegel und schaute hinein. Als sie ihre eigene Überraschung unterdrückte, gab sie den Spiegel ihrer Tochter mit den Worten zurück:

– Glaub' mir, mein liebes Kind, du solltest dir keine Sorgen machen. Kein Mann, der alle Sinne beisammen hat, würde so eine Schönheit wie dich wegen einer so alten und häßlichen Gurke verlassen.

– Rebe, beschwert sich der Schames, die Hochzeitsgäste sitzen immer noch in der Synagoge. Sie trinken und sind sehr laut. Wie soll ich sie loswerden?

– Gehe zu ihnen und schrei, daß die Synagoge brennt. Du wirst sehen, wie sie Hals über Kopf flüchten werden.

– Das habe ich gemacht, aber sie haben nicht reagiert.

– Dann bleibt nur eine einzige Möglichkeit – nimm unsere Geldschachtel, gehe um den Tisch herum und bitte sie, zu der Renovierung der Synagoge beizutragen.

Kohn kämpft lange Zeit um die Gunst der Frau Stern, aber vergeblich.

– Ich würde es mir 5000 Schilling kosten lassen, wenn ich mit Ihnen zusammen sein könnte, sagt er zum Schluß.

– Sie sind ein schrecklicher Verführer, Herr Kohn, wer könnte Ihnen widerstehen? Morgen spielt mein Mann von fünf bis sieben Uhr Karten im Kaffee Royal. Kommen sie nach fünf, wir haben dann genug Zeit bis dreiviertel sieben.

Kohn kommt und bleibt bei Frau Stern. Auf die Minute genau verläßt er das Haus.

Um sieben Uhr stürzt Herr Stern in die Wohnung.

– War der Kohn hier, fragt er streng.

– Ja, antwortet seine erschrockene Gattin.

– Und hat er dir 5000 Schilling gegeben?

– Ja, nickt die fast in Ohnmacht fallende Frau Stern.

– Kohn ist ein ordentlicher Mann, lächelt zufrieden Stern. In der Früh' hat er sich das Geld ausgeborgt und hat versprochen, es bis zum Abend zurückzugeben. Und er hat sein Wort gehalten!

Lea telefoniert nach Hause und teilt die neuesten Nachrichten mit:

– Mama, ich habe geheiratet.

– Mazel tov.

– Ich kann dir auch gleich sagen, daß er ein Goy ist.

– Also, er ist ein Goy? Habe ich Vorurteile?

– Aber Mama, er ist auch ein Schwarzer.

– In Ordnung, also er ist ein Schwarzer. Meiner Meinung nach soll jeder tolerant sein.

– Und er ist auch arbeitslos.

– Nu, dann wirst du ihn unterstützen. Eine Ehefrau soll ihrem Ehemann helfen.
– Aber Mama, wir haben keine Bleibe.
– Mach dir keine Sorgen, liebe Lea. Ihr werdet mit uns hier wohnen.
– Aber ihr habt doch nur ein Schlafzimmer.
– Das ist in Ordnung. Du und dein neuer Ehemann werden im Schlafzimmer schlafen und Papa wird sich auf dem Sofa im Wohnzimmer sein Bett machen.
– Aber Mama, wo wirst du denn schlafen?
– Liebe Lea, über mich brauchst du dir den Kopf nicht zerbrechen. Sobald ich den Hörer aufgelegt habe, wird mich der Schlag treffen!

Kohn lag auf der Couch und las seine Abendzeitung.
– Mach das Fenster zu, sagte seine Frau Sara. – Es ist irrsinnig kalt draußen.
Der Mann bewegte keine Wimper.
– Samuel, bist du taub? Könntest du bitte das Fenster schließen! Es ist sehr kalt draußen!
Verärgert stand Kohn auf, ging zum Fenster und schlug es zu.
– Nu, sagte er, als er wieder zu seiner Couch ging, – ist es jetzt wärmer draußen?

Die Roubitscheks sind ein altes Ehepaar. Eines Tages sahen sie eine Liebesgeschichte im Fernsehen und die romantischen Gefühle übertrugen sich auf die Frau.

– Sag mal, Liebling, sagte sie, – wenn du noch einmal alles machen müßtest, würdest du mich wieder heiraten?

– Ich glaube schon, sagte er lakonisch. – Wenn ich müßte!

Kohn: Bist du verheiratet?

Grün: Nein, ich schaue nur so aus, weil mein Auto gerade gestohlen wurde.

Geschäfte und Geld

Bloch und Kohn waren seit fünfzehn Jahren verfeindet und redeten miteinander kein Wort. Vor kurzem kam Herr Bloch in ein Kaffeehaus. Es war am Abend und das Lokal war voll. Nur bei einem Tisch saß ein Herr allein und das war Herr Kohn. Bloch setzte sich ohne zu grüßen und zu fragen, ob er darf, zu diesem einem Tisch und tat so, als ob er seinen Feind gar nicht gesehen hätte. Nach einer Weile kam ein Mann mit einer Spaarkassa in der Hand zu ihrem Tisch, um Geld für einen wohltätigen Zweck zu sammeln. Herr Kohn spendete einen Schilling. Und als der Mann Herrn Bloch mit der Spaarkassa vor dem Gesicht klimperte, zeigte Herr Bloch mit dem Daumen auf den Herrn Kohn und sagte: – Das war für uns beide!

∽ ∼

Herr Kohn, ein reicher Fabrikant, kommt ins Büro seiner Sekretärin und sagt:

– Fräulein Finkelstein, was machen Sie am Sonntag?

– Nichts, lächelt ihm die junge Dame entgegen.

– In dem Fall muß ich Sie darauf aufmerksam machen, daß wir heute erst den Donnerstag haben! sagt Herr Kohn.

∽ ∼

Rosenbaum und Veilchenblau wollten zusammen eine Firma gründen und begaben sich zum Notar. In seinem Büro stritten die beiden Herren lang über dies und jenes, so daß dem Notar die Geduld riß, und er wollte die Kontrahenten hinausschmeißen.

– Warten Sie mal, Herr Notar, sagte Herr Rosenbaum, – wir machen das anders. Schreiben Sie: Sollte unsere Firma in Konkurs gehen, wird der Reingewinn in zwei gleiche Hälften geteilt.

Ein Außendienstmitarbeiter sprach drei volle Stunden mit dem Herrn Geduldiger, aber es gelang ihm nicht, seine Waren zu verkaufen. Resignierend packte er seine Kollektionen wieder ein. Anschließend stellte er sich in eine Ecke und begann das Gebet für die Toten zu beten.

Herr Geduldiger erschrak und rief aus:

– Um Gotteswillen, was machen Sie denn da?

Traurig antwortete der reisende Verkäufer:

– Für mich sind Sie ein toter Mann.

– Wie geht's, Herr Stern, fragt ein alter Bekannter auf der Straße.

– Schlecht.

– Wie verdienen Sie jetzt Ihren Lebensunterhalt?

– Ich vermiete Fenster.

– Fenster? Wofür?

– Bei Paraden, Demonstrationen, offiziellen Begräbnissen, usw.

– Und wo wohnen Sie?
– In der Kleingasse.
– Aber dort gehen doch keine Paraden ...
– Ich sag' Ihnen doch, daß es mir schlecht geht.

Lebowich kommt von der Firma nach Hause und ist sehr verärgert.
– Was ist passiert, will seine Frau wissen.
– Ich habe einen Streit mit Kraus gehabt. Stell dir vor, er gibt mir eine Rüge vor allen unseren Angestellten! Natürlich habe ich ihn zusammengeputzt, aber jetzt ist es aus. Bis zu meinem Tode rede ich kein Wort mehr mit ihm!
– Entschuldige dich bei ihm, Egon.
– Entschuldigen soll ich mich? Das wäre unter meiner Ehre.
– Dann entschuldige dich so, daß es nicht unter deiner Ehre ist. Das geht doch nicht, daß du mit Kraus kein Wort mehr redest. Erstens ist er dein Partner, in der Synagoge sitzt er neben dir, wir wohnen im gleichen Haus und ich und seine Frau gehen zum gleichen Friseur!
– Du hast recht, Miriam, sagt Lebowich, geht zwei Stockwerke tiefer und läutet bei der Tür der Familie Kraus.
In der Tür erscheint der Wohnungsbesitzer.
– Wohnt hier Hans Meyer? fragt Lebowich.
– Nein, hier wohnt Heinrich Kraus.
– Dann entschuldigen Sie!

Sobald die Mahnung kam, setzte sich Wolf Porges hin und schrieb den folgenden Brief:

Sehr geehrter Herr!

Sie haben sich erlaubt, mir einen frechen Brief zu schreiben. Ich mache Sie darauf aufmerksam, daß ich das ganze Jahr alle nichtbezahlten Rechnungen in eine Schachtel lege. Zum Neuen Jahr mache ich die Augen zu und ziehe eine Rechnung, die ich dann bezahle. Wenn Sie noch einmal wagen, mir so eine unverschämte Mahnung zu schicken, werden Sie von jeder weiteren Verlosung ausgeschlossen.

Hochachtungsvoll ...

Frau Gold kaufte zwei Kilo Karpfen. Als sie zu Hause den Fisch auspackte, war der Gestank so penetrant, daß sie das Fenster aufmachen mußte. Schnell packte sie ihn wieder ein und lief zurück ins Geschäft.

– Frau Kohn, schrie sie voller Zorn, der Fisch stinkt und ich will mein Geld zurück!

– Schreien Sie nicht, Frau Gold, sagte Frau Kohn mit sanfter Stimme. – Sicherlich bekommen Sie Ihr Geld zurück. Aber Sie hätten nicht den Beweis zurückbringen müssen. Für mich hätte Ihr Wort auch genügt.

Herr Schuster, der Hausbesitzer, war kein kleinlicher Mann, aber Herr Lewy, der Künstler, hatte ihm seit einem halben Jahr seine Miete nicht bezahlt und was reicht, das reicht. Er hatte dem Mieter ein Ultimatum gestellt – entweder zu zahlen – oder auszuziehen.
– Sie wissen nicht, was Sie machen! protestierte Lewy. – Eines Tages werden die Leute kommen, sich diese miese Wohnung anschauen und sagen: Lewy, der berühmte Maler, wohnte hier.
– Ich werde es Ihnen anders sagen, meinte Schuster. – Wenn Sie die Miete bis heute Abend nicht bezahlen, werden es die Leute schon morgen sagen.

– Mein lieber Freund, sagt der Besitzer eines Herrenbekleidungsgeschäfts, Sie sind mein Landsmann und für meine Landsleute habe ich einen speziellen Preis. Hier sehen Sie den besten Anzug, den Sie bei mir haben können. Und ich werde keine 2000 Mark verlangen, die am Preiszettel stehen. Nie! Diesen Preis bezahlt ein normaler Kunde, aber nie ein Landsmann! Ich werde auch keine 1800 Mark verlangen, nicht einmal 1600! 1500 Mark ist mein Preis und keinen Pfennig mehr!
– Ojwawoj! sagt der Kunde, warum sollten gerade Sie bei mir nicht normal verdienen, nur weil ich zufällig Ihr Landsmann bin? Sie sind doch genauso mein Landsmann wie ich Ihr Landsmann bin! Also wieviel werde ich Ihnen für den Anzug bezahlen? 1000 Mark? Nicht einmal zufällig! 1000 Mark würde ich einem Fremden geben, aber nie einem Landsmann! 1100? Da könnte ich Ihnen nie wieder in die Augen schauen. Weil Sie aber mein Landsmann sind,

sollten Sie für den Anzug 1200 Mark haben und keinen Pfennig weniger!
Und somit wurde das Geschäft abgeschlossen.

Zwei jüdische Kaufleute treffen sich:
– Nu, sagt der eine, ich höre dein Haus ist ausgebrannt.
– Psst!, sagt der andere. Erst nächste Woche.

Ein kleiner alter Mann kam schüchtern zu seinem Vorgesetzten. – Herr Gold, kann ich morgen frei haben? Morgen ist der Tag meiner goldenen Hochzeit.
– Mein Gott, schrie Gold, werde ich diese Chutzpe jetzt alle 50 Jahre hören?

In einer galizischen Stadt lebte ein armer Schneider. Er fertigte Kleidungsstücke für seine Klientel, bügelte und reparierte alle ihm mitgebrachten Sachen, aber er selbst trug immer einen schäbigen, alten Anzug. – Lieber Herr, sagte eines Tages einer seiner Kunden, ein reicher Graf, so können Sie nicht weiter in der Öffentlichkeit erscheinen. Warum reparieren Sie nicht einmal auch Ihre eigenen Kleidungsstücke?
– Wissen Sie, Herr Graf, ich habe nur Zeit für bezahlte Arbeit, für mich selber finde ich die Zeit nie. Der Graf dachte kurz nach. – Gut, hier haben Sie 10 Kronen, betrachten Sie mich als einen neuen Kunden und reparieren Sie dafür Ihren eigenen Anzug.

Einige Zeit später steht der Graf wieder im Geschäft des Schneiders und sieht, daß er immer noch seinen Anzug im alten Zustand trägt.

– Warum haben Sie nicht Ihren Anzug repariert? fragt er.

Wissen Sie, Herr Graf, ich fürchte, ich muß Ihnen die 10 Kronen zurückgeben. Ich habe mir meinen Anzug angeschaut und festgestellt, daß eine Reparatur um 10 Kronen kein Geschäft für mich wäre.

Aaron Kraus trifft nach Jahren seinen ehemaligen Mathematiklehrer. Der alte Pädagoge will wissen, wie es seinem ehemaligen Schüler geht.

– Ausgezeichnet, Herr Professor, ich habe eine Großhandelsfirma!

– Wie? wundert sich der Lehrer. Sie und Händler? Sie waren doch immer der Schlechteste in der Klasse in Rechnen!

– Es ist nicht sehr schwer, Herr Professor. Ich kaufe meine Ware um 100 Dollar ein und verkaufe sie um 500 Dollar. Und von den vier Prozent Gewinn kann ich wunderbar leben ...

Arzt und Patient

Herr Kohn kommt zum Zahnarzt und will wissen, wieviel das Ausreißen von allen Weisheitszähnen kosten würde.

– Achtzig Dollar, sagt der Mediziner.

– Das ist mir zu viel, meint Herr Kohn. Geht es nicht billiger?

– Nu, wenn ich keine Anästhetika verwende, kann ich es auch um 60 Dollar machen.

– Das ist immer noch zu teuer, sagt Kohn.

– In Ordnung, sagt der Arzt, wenn ich keine Anästhetika verwende und die Zähne mit der Zange einfach ziehe, kann ich nur 20 Dollar verrechnen.

– Nein, sagt Kohn, das ist immer noch zu viel.

– Mein letztes Angebot. Wenn die zuletzt angebotene Prozedur einer meiner Studenten macht, dann kostet es nur 10 Dollar.

– Sehr gut, meint Herr Kohn. Geben Sie mir einen Termin am Donnerstag nachmittag für meine Frau.

Kohn geht zum Arzt und seine Frau begleitet ihn. Nach der Untersuchung bittet der Arzt Frau Kohn um ein Gespräch unter vier Augen.

– Ihr Mann ist sehr krank und noch dazu leidet er unter einem enormen Streß. Wenn Sie nicht folgendes tun, wird Ihr Mann bald sterben:

Jeden Morgen braucht er ein gesundes Frühstück. Seien Sie nett zu ihm und sorgen Sie dafür, daß er gut aufgelegt ist. Das

Mittagessen soll gesund sein. Erzählen Sie ihm keine eigenen Probleme, weil er wahrscheinlich einen schweren Tag vor sich hat und das würde seine Streßsituation noch verschlimmern. Und das Wichtigste ... gehen Sie mit ihm viermal in der Woche ins Bett und befriedigen Sie jeden seiner Wünsche. Wenn Sie das die nächsten zehn Monate oder ein ganzes Jahr machen können, wird Ihr Mann wieder völlig gesund sein.
Am Weg nach Hause fragt Herr Kohn seine Frau, was der Arzt gesagt hat.
– Er sagte, berichtet Frau Kohn, daß Du bald sterben wirst.

∽ ∼

Frau Schöngraben telefoniert mit einem berühmten Wiener Psychiater:
– Sie sind also der berühmte Arzt, der Narren behandelt?
– Ja, ich bin Psychiater.
– Ich möchte Sie gerne besuchen, Sie könnten mir vielleicht helfen. Was verrechnen Sie für einen Besuch?
– 1500 Schilling für jede angefangene Stunde.
– Was? 1500 Schilling für jede angefangene Stunde? schreit Frau Schöngraben entsetzt. – So ein Narr bin ich nicht.

∽ ∼

Bettler

An einem Wintertag im alten Rußland ging ein religiöser und extrem armer Jude die Straßen entlang und bettelte. Er hätte viele Jobs haben können, aber der Zar hatte verboten, Juden anzustellen. Wie oft stieß er auf Unverständnis, wie oft gingen die Menschen bei ihm vorbei, ohne ihn eines Blicks zu würdigen! Plötzlich rutschte er aus, fiel und brach sich ein Bein. Die Passanten eilten sofort zu Hilfe und brachten ihn ins Spital. Die Nachricht von dem unglücklichen alten Mann hatte schnell die Runde gemacht, und die Menschen hatten Kleidung, Essen und auch etwas Geld gesammelt und ins Krankenhaus geschickt.

An dem Abend schrieb der alte Mann einen Brief an seine Frau:

– Gott im Himmel war sehr gut zu mir. Heute, in seiner unendlichen Güte, hat er mein Bein gebrochen!

∽ ∼

Zwei Bettler sitzen auf einer Bank. Der eine hat ein Kreuz in der Hand, der andere hält einen Davidstern. Jeder hat einen Hut für Almosen vor sich. Leute gehen vorbei, schauen den Mann mit dem Stern gar nicht an und werfen ein paar Münzen in den Hut des Mannes mit dem Kreuz. Bald ist dieser Hut voll und der andere leer.

Ein Priester beobachtet das Geschehen und schließlich kommt er zu den zwei Männern. Er wendet sich dem Bettler mit dem Davidstern zu:

– Junger Mann, wissen Sie nicht, daß dies ein katholisches Land ist? Hier werden Sie nie Spenden bekommen, wenn Sie den Davidstern in der Hand halten.
Der Mann mit dem Davidstern wendet sich zu dem anderen Bettler und sagt:
– Moische, kannst du dir vorstellen, daß dieser Mann versucht uns zu belehren, wie unsere Firma arbeiten soll?

Ein Schnorrer, neu in der Stadt, besuchte das Haus eines reichen Juden und bat um ein wenig Geld. Zu seiner Überraschung schüttelte der reiche Mann lange Zeit seine Hand.
– Willkommen in der Stadt, sagte er erfreut.
Der Bettler war erstaunt.
– Danke für Ihre netten Worte, aber woher wissen Sie, daß ich neu in der Stadt bin?
– Ganz einfach, erwiderte der reiche Jude. Es gibt keine Seele in der Stadt, die nicht wüßte, daß es sich nicht lohnt, mich um Zeichen der Nächstenliebe zu bitten!

Samuel kam zu dem reichsten Bankier in Wien und beschrieb eine qualvolle Situation in einer sehr emotional geladenen Rede:
– Fünf Tag lang haben meine Frau und ich nichts zum Essen gehabt, weinte er. Meine fünf lieben Kinder sterben fast vor Hunger und der Hausbesitzer will uns delogieren, weil wir die Miete nicht zahlen können. Wir sind alle krank, aber kein Arzt will uns behandeln, weil wir kein Geld haben. Zu diesen allen Sorgen wird Pessach bald kommen, und wir haben kei-

nen Tropfen Wein, kein Stück Fleisch und kein Stück Matzes für die Feiertage.
Der reiche Bankier war sichtlich berührt von allen diesen Sorgen. Er läutete den Diener herein.
– Wirf den Mann sofort raus. Er bricht mein Herz!

Zwei Brüder, Menachem und Josef, die nicht arbeiten konnten oder wollten, waren regelmäßige Besucher der Residenz von Rothschild, wo jeder einmal im Monat 200 Schilling bekam. Es passierte, daß Josef starb und Menachem besuchte das Haus Rothschild allein. Der Baron gab ihm seine 200 Schilling.
– Momentele, protestierte Menachem. Warum nur 200 Schilling? Ich habe das Recht, 400 Schilling zu bekommen und wenn man das Recht hat, dann hat man das Recht.
– Dein Bruder ist tot. Seine Auszahlung ist eingestellt worden.
– Was meinen Sie mit «eingestellt worden«? sagte der Schnorrer mit eisiger Stimme. Wer ist der Erbe meines Bruders – ich, oder die Familie Rothschild?

Ein Schnorrer kommt zum Baron Rothschild und sagt:
– Bitte helfen Sie mir, ich habe seit drei Tagen nichts gegessen.
Der Baron legt ihm seine Hand auf die Schulter, schaut ihm tief in die Augen und antwortet:
– Du mußt dich zwingen, mein Sohn!

In Wien hatte ein Schnorrer einen reichen Mäzen, der, aus welchem Grund auch immer, diesen Mann sympathisch fand und ihm jedes Jahr einen Betrag von 5000 Schilling gab. Eines Jahres gab ihm der reiche Mann aber nur 2500 Schilling.

– Was soll das bedeuten, wollte der Schnorrer wissen. Das ist doch nur die Hälfte von dem, was Sie mir normalerweise geben!

– Es tut mir leid, aber ich muß meine Ausgaben dieses Jahr kürzen, entschuldigte sich der reiche Mann. Mein Sohn hat eine Schauspielerin geheiratet und ich zahle für sie alle Rechnungen.

– Das ist aber eine Chutzpe, schrie der verärgerte Schnorrer. Wenn Ihr Sohn eine Schauspielerin unterstützen will, das ist seine Sache. Aber wie kann er es wagen, es mit meinem Geld zu machen?

Ein Bettler ging ins Haus des reichsten und geizigsten Mannes in der Stadt.

– Sehr geehrter Herr, sagte er zum Geizhals, ich bat Sie schon in der Vergangenheit um Almosen, und jedesmal bekam ich von Ihnen einen Groschen. Diesmal bin ich aber in einer viel schwierigeren Situation, Pesach steht vor der Tür und meine Familie hat Hunger, also brauche ich mehr als die letzten Male. Diese Worte schienen keine Wirkung auf den reichen Mann gemacht zu haben und er rief einen Diener, der den Bettler hinauswerfen sollte.

– Sehr gut, ich werde gehen, sagte der Schnorrer, aber lassen Sie mich zuerst eine Parabel wiedergeben.

– In Ordnung, aber du wirst diesmal keinen einzigen Groschen bekommen.

– Seit ewigen Zeiten, und niemand weiß wirklich, warum dem so ist, schnappt der Hund das Schwein, wenn er es fangen kann, beim Ohr. Nach dem Talmud gibt es keinen einzigen Mann, der so arm wie ein Hund wäre und keinen so reichen Mann wie ein Schwein. Es muß Ihnen klar sein, gnädiger Herr, daß der Hund heimlich dem Schwein ins Ohr flüstert: Wenn du schon so reich bist, warum bist du ein derartiges Schwein?

Über die letzten Dinge …

Der verwitwete Herr Roubitschek jammert:
Das Begräbnis hat so viel Geld gekostet! Da wäre es mir fast lieber gewesen, sie wäre am Leben geblieben!

Herr Bloch kam zum katholischen Pfarrer, um mit ihm das Begräbnis seiner Schwester zu besprechen.
– Sie haben sich wahrscheinlich geirrt, Herr Bloch, meinte der Pfarrer, – ich bin katholisch und Ihre Schwester war doch eine Jüdin.
– Meine Schwester hat sich aber im Laufe ihres Lebens taufen lassen.
– In dem Fall ist es was anderes.
– Das ist aber nicht alles, fuhr Herr Bloch fort: – Sie ging in ein Kloster und starb als Nonne.
– Jetzt schaut die Sache ganz anders aus! Sie war die Schwester Christi und ich werde sie gerne auf ihrem letzten Weg begleiten.
Schließlich vereinbarten die beiden Herren, daß der Geistliche für seinen Einsatz 100 Dollar bekommen sollte.
Herr Bloch legte einen 50 Dollar-Schein auf den Tisch und sagte:
– Den Rest zahlt mein Schwager.

Herr Weinstein erhielt ein Telegramm: – Deine Schwiegermutter ist gestorben. Begräbnis am Mittwoch.
Herr Weinstein telegraphierte zurück:
– Einverstanden.

Mendel trägt seit zwanzig Jahren den selben Anzug, gönnt sich überhaupt nichts, spart jeden Groschen, den er verdient. Aber eines Tages geht er ins feinste Geschäft, kauft sich einen neuen Anzug, neue Hemden, neue Schuhe, Handschuhe und einen Hut. Von Kopf bis Fuß neu gekleidet geht er in ein feines Restaurant, bestellt die teuersten Speisen, ißt mit Genuß, bezahlt und verläßt das Lokal. Kaum hat er den Fuß auf die Straße gesetzt, kommt ein Auto angerast und überfährt Mendel. Da richtet er sich mit letzter Kraft auf und sagt:
– Mein Gott, warum tust Du mir das an?
– Oj wie, sagt Gott, – Mendel! Ich hab' Dich nicht erkannt.

Moische fühlt sich nicht besonders gut und beschließt einen Arzt aufzusuchen. Nach der Untersuchung sagt der Doktor:
– Schlechte Nachrichten. Ich fürchte, Sie werden den kommenden Tag nicht mehr erleben.
Zu Hause erzählt Moische seiner Frau Dina den Stand der Dinge. Nach einem kurzen Schrecken wird ihr bewußt, daß sie sehr wenig Zeit haben und sie fragt, wie er seine letzte Nacht verbringen möchte.
– Ich glaube, ich möchte die Nacht mit dir im Bett verbringen, sagt Moische.

Nach einer Stunde fragt sie: – Und was noch?
– Noch einmal, sagt Moische.
Nach dem vierten Mal, als Moische immer noch nicht genug hat, sagt sie erbost:
– Genug. Schließlich muß ich in der Früh' aufstehen. Du nicht.

~ ~

Moische ist seit Wochen krank. Vor einigen Tagen ist er ins Koma gefallen und alle haben das Schlimmste befürchtet. Die Familie wird zusammengerufen. Ein Sohn kommt aus Miami, die Tochter aus Montreal. Die Tanten. Die Onkel. Alle sitzen und warten auf das Ende.
Plötzlich geschieht ein Wunder! Moische öffnet seine Augen. Er deutet seinem Sohn, näher zu kommen und sagt ihm mit leiser Stimme:
– War ich krank?
– Ja, Papa, du warst sehr krank, antwortet sein Sohn mit Tränen in den Augen.
Papa überlegt und dann spricht er weiter:
– Ich hatte einen Traum. Ich war dem Tode sehr nahe und plötzlich roch ich das Aroma vom Apfelstrudel deiner Mutter. Ich liebe diesen Strudel.
– Was für ein toller Traum, Papa. Aber das Aroma ist echt. Mama hat gerade einen Strudel gemacht und er liegt in der Küche.
– Ein Wunder! sagt Moische. Ich bin immer noch zu schwach, um aufzustehen. Geh in die Küche und bring mir ein Stück von diesem Strudel.
Der Sohn geht in die Küche und kommt mit leeren Händen zurück. Er setzt sich wieder zu seinem Vater.

– Nu, wo ist der Strudel?
Der Sohn antwortet: Es tut mir leid, Papa. Mama sagt, der Strudel ist für die Schive.

Kohn steht an einem Grab und weint bitterlich.
– Warum mußtest du so früh sterben!
– Für wen trauert der Mann so vehement? fragt Herr Blum den Totengräber.
– Für den ersten Mann seiner Frau.

Eine Frau kam in die Friedhofskanzlei.
– Ich habe überall am Friedhof gesucht und konnte das Grab meines Mannes nicht finden. Sein Name war Stefan Klein.
Die Kanzleiangestellten suchten alle Akten durch: Es mußte ein Fehler passiert sein, sagten sie zum Schluß. Wir haben nur ein Grab mit der Inschrift Sarah Klein.
– Kein Fehler, rief die Frau aus. Das ist mein Mann. Er hat vor seinem Tod alles auf mich überschreiben lassen.

Ein religiöser Mann liegt im Sterben, seine Familie und die engsten Freunde stehen im Vorraum und dürfen nicht zu ihm hinein. Plötzlich klopft es an der Tür und ein in der Stadt bekannter Lügner, Vagabund, Nichtstuer namens Schleumel möchte sich von dem alten Herrn verabschieden. Als der alte Herr hört, wer da gekommen ist, will er den Mann sofort sehen.

Mein Herr, sagt der Lügner überrascht, ich verstehe nicht, warum du deine ganze Familie draußen warten läßt und mir die Tür öffnest?
Mein lieber Schleumel, sagte der alte Mann. Die alle dort draußen haben nach den Gesetzen der Tora gelebt und die werde ich auch alle im Paradies sehen. Aber dir, fuhr er fort und dabei streckte er seine Hand in Richtung Schleumel aus, will ich zum letzten Mal Lebewohl sagen.

~ ~

Eine sehr kranke Frau rief ihren Mann zu sich.
– Moische, sagte sie, ich will, daß du weißt, daß sich mein Sterbegewand beim Schneider Samuel befindet. Er versprach, das Kleid für mich zu nähen.
– Beim Samuel? rief der Mann aus! Warum beim Samuel? Der braucht doch immer Wochen, bevor er mit seiner Arbeit fertig wird!

~ ~

Sarah liegt im Sterben. – Samuel, ich hörte, was der Arzt gesagt hat, sagte sie mit leiser Stimme, meine Stunden sind gezählt.
Samuel weinte. – Sag mal, liebe Sarah, gibt es etwas was ich für dich tun kann? Etwas, egal was! Du mußt es nur sagen!
– Doch, lieber Samuel. Ich möchte, daß du mir eines versprichst, bevor ich gehe. Du wirst nach meinem Tod meine Schwester Lea heiraten.
Samuel weinte bitterlich und sein Schmerz war vernichtend.
– Mach dir keine Sorgen, liebe Sarah. Ich habe seit Jahren über nichts anderes nachgedacht!

Herr Samuel Roubitschek lag seit längerem im Koma, aus dem er ab und zu erwachte. Seine Ehefrau Dina war Tag und Nacht an seinem Bett. Eines Tages, als er wieder einmal bei Bewußtsein war, deutete er ihr, näher zu kommen. Er flüsterte:

– In all den schlimmen Zeiten warst Du stets an meiner Seite. Als ich entlassen wurde, warst Du für mich da. Als dann mein Geschäft pleite ging, hast Du mich unterstützt. Als wir das Haus verloren, Du hieltest zu mir. Als es dann mit meiner Gesundheit abwärts ging, warst Du stets in meiner Nähe. Weißt Du was?

Ihre Augen füllten sich mit Tränen der Rührung.

– Was denn, mein Liebling? hauchte sie.

– Ich glaube, Dina, Du bringst mir Pech!

Die Frage der Religion

Religion

Es war ein hoher Feiertag, der Tag der Versöhnung. Herr Breitkopf traf den Rebbe auf der Straße und fragte: – Herr Rabbiner, ich bitte um Belehrung. Sollte ich an diesem hohen Feiertag einen Hundertdollarschein auf der Straße finden, darf ich ihn aufheben?
– Nein, sagte der Geistliche, – am Feiertag darf man kein Geld in die Hand nehmen. Dann untersuchte er den Boden rundherum.
– Außerdem sehe ich keinen Hundertdollarschein ...

Ein junger, reformierter Jude hat keine andere Wahl, als seine Freundin im Kaffeehaus zu treffen, weil ihr orthodoxer Vater ihm den Zugang in sein Haus nicht erlaubt. Eines Tages trafen sich die zwei wie immer und der Junge sagte:
– Heute habe ich deinen Vater auf der Straße gesehen, aber er hat mich nicht gesehen.
– Ich weiß, antwortete das Mädchen. – Er hat's mir erzählt.

Ein Dialog, während Moses am Berg Sinai saß ...
Gott: Und merke dir, Moses, die koschere Küche verbietet es, ein Kalb in der Milch seiner Mutter zu kochen.
Moses: Ich verstehe. Du sagst, wir sollten nie Milch und Fleisch zusammen essen.

Gott: Nein, ich sage, koche nie ein Kalb in der Milch seiner Mutter.
Moses: Entschuldige meine Ignoranz. Was du meinst ist, wir sollten sechs Stunden nach einem Fleischessen warten, bevor wir etwas Milchiges zu uns nehmen.
Gott: Nein, Moses. Ich sage, koche nie ein Kalb in der Milch seiner Mutter.
Moses: Bitte, werfe mich nicht vom Berg hinunter wegen meiner Dummheit. Was du meinst ist, daß wir eigene Teller für fleischige und eigene Teller für milchige Speisen haben sollten und sollten wir uns einmal irren, müssen wir die Teller draußen vergraben.
Gott: Moses! Mach, was du willst ...

Im Paradies spricht Gott zu Adam:
– Adam, ich habe hier eine Frau für dich. Sie sieht toll aus, kann sehr gut kochen, widerspricht nicht, erfüllt alle deine Wünsche und hat nie Migräne.
– Was muß ich dafür tun, daß ich sie bekomme? fragt Adam.
Gott: Gib mir dein rechtes Bein.
Adam: Das ist mir zu teuer!
Gott: Nun gut, ich habe noch eine andere Frau hier. Sie sieht nicht so gut aus, kocht nicht ganz so gut und nun ja ...
Adam: Was willst du haben?
Gott: Deinen rechten Arm!
Adam überlegt, eine Frau wäre schon nicht schlecht, aber das ist zu teuer. Schließlich fragt er:
– Was bekomme ich für eine Rippe?

Der Rest ist Geschichte ...

Ein Rabbi erfuhr, daß ein Mitglied seiner Gemeinde am Sabbat gepokert hatte. Bei erster Gelegenheit machte er seinem Ärger Luft:
– Du solltest dich schämen, am Sabbat Karten zu spielen und noch dazu um Geld! Das ist eine Sünde!
– Ja, ich weiß, sagte der andere leise, aber glaube mir Rebbe, ich habe für meine Sünde teuer bezahlt.

Jakob Zimmermann, Besitzer von vielen Fabriken, wollte das größte Bar-Mizwa-Fest aller Zeiten für seinen Sohn haben. Er entschloß sich, dieses Fest mit seinen Gästen bei einer Safarifahrt zu feiern. Er charterte Flugzeuge, bestellte in Afrika Führer, Gepäckträger und Köche, und die ganze Gesellschaft begab sich auf die Reise durch den Dschungel. Plötzlich blieb die Kolonne stehen.
Zimmermann, der gerade mit einigen Gästen Karten auf dem Rücken eines Elefanten am Ende der Kolonne spielte, rief aus: – Was hält uns auf?
Die Antwort wurde ihm bald übermittelt: Es ist noch ein Bar Mizwa vor uns!

Ein religiös erzogener junger Mann aus einem guten Haus in Galizien verließ sein Dorf und begab sich nach Amerika. Viele Jahre später, nachdem er sein Verlangen nach irdischen Gütern gestillt hatte, entschloß er sich, die alten Eltern im Land seiner Geburt zu besuchen, um einige Erinnerungen aus seiner Kindheit aufzufrischen. Seine achtzigjährige Mutter erkannte ihn kaum, so sehr hatte er sich verändert.

– Deine Kleidung ist so ungewöhnlich, murmelte sie.
– Aber Mama, so zieht man sich in Amerika an, versicherte er ihr.
– Aber warum hast du keinen Bart, wie alle guten Juden?
– Aber Mama, alle Männer rasieren sich in Amerika.
– Und das Essen? Hast du eine koschere Küche in deinem Haus?
– Nu, um die Wahrheit zu sagen, Mama, es ist unmöglich, in Amerika unsere Essensgesetze einzuhalten.
Die alte Dame wischte sich mit dem Zipfel ihrer Schürze die Träne vom Auge. Dann überfiel sie ein furchtbarer Gedanke:
– Sohn, fragte sie ängstlich, – bist du noch beschnitten?

Abeles stand vor einem Priester, seinen Hut in der Hand.
– Ich will getauft werden, sagte er resignierend, seine ganze Hoffnung verbarg sich in seiner Stimme.
– Wunderbar! Kommen Sie morgen um sechs in die Kirche, und ich werde sie in die wichtigsten Grundzüge der katholischen Kirche einweihen.
– Es muß aber heute passieren, protestierte Abeles traurig.
– Morgen ist es schon zu spät.
– Warum?
– Weil morgen ist Pessach und wir haben keine Mazes und keinen Wein im Haus.

Am Tag der Versöhnung, dem höchsten jüdischen Feiertag, an dem es notwendig ist zu fasten, Gott seine Sünden zu bekennen und allen Feinden zu vergeben, schlägt vehement ein junger Mann in der Synagoge mit der Faust an seine Brust, betet laut, weint, rauft sich die Haare und überschreit alle anderen. Sein Nachbar schaut ihm lange Zeit zu. Dann klopft er auf seine Schulter und sagt leise: – Junger Mann, mit Gewalt erreichen Sie hier nichts.

Rabbiner und Priester

Zwei Talmud-Studenten kamen zu ihrem Rabbi und gestanden, sie hätten gesündigt.

– Gesündigt? Wie? wollte der Rebbe wissen.

– Wir haben uns voller Lust Frauen angeschaut.

– Gott mag euch vergeben! schrie der geistliche Mann aus.

– Ich hoffe, ihr wollt selber dafür büßen – ich verordne, daß ihr zehn Tage lang auf Erbsen herumgeht. Es soll euch lehren, diese Sünde nie zu wiederholen.

Die zwei jungen Männer gingen nach Hause und taten, was der Rebbe befohlen hatte. Einige Tage später trafen sie einander auf der Straße. Der eine ging langsam und krümmte sein Gesicht bei jedem Schritt, während der andere ganz normal unterwegs war.

– Ist das deine Art, die Strafe des Rabbi zu befolgen? fragte der Schwergehende. – Ich sehe, du hast seine Anordnung, Erbsen in die Schuhe zu geben, völlig ignoriert.

– Nein, ich habe gemacht, was der Rabbi wollte. Nur habe ich die Erbsen vorher gekocht.

Ein Rabbiner war auf Besuch bei den Roubitscheks. Er fühlte sich wohl und deshalb dachte er nicht daran, abzufahren. In der Nacht hörte er das Ehepaar Roubitschek reden. Sein Gastgeber sagte:

– Was willst du von mir? Kann ich den Rebbe zur Abreise zwingen?

Am nächsten Tag packte der Rabbiner seine Sachen und teilte mit, daß er wieder nach Hause fahren würde. Herr Roubitschek freute sich und begleitete den Rabbiner zum Auto. Aber eine halbe Stunde später war der Rebbe wieder zurück.

– Was ist los? erschrak Herr Roubitschek, warum sind Sie zurückgekehrt?

– Die Sache ist die, meinte der Rebbe. Ich weiß, daß meine Abfahrt für Euch ein freudiges Ereignis war. Aber ich, als Geistlicher, darf nicht bei einem freudigen Ereignis fehlen, deshalb bin ich zurückgekommen.

Ein nervöser Vater Smith kommt zu seinem Freund, Rabbiner Goldblum gelaufen.

– Rebbeleben, sagt er, – du mußt mir helfen! In 10 Minuten muß ich im Beichtstuhl sitzen und in einer Stunde habe ich ein Begräbnis in der Stadt. Kannst du die Beichte für mich übernehmen?

– Ich?

– Keine Angst, es ist ein Kinderspiel. Komm mit mir in die Kirche, ich fange an und du übernimmst es dann.

Sobald sie im Beichtstuhl Platz nehmen, kommt eine Frau.

– Vater, ich habe gesündigt.

– Und was hast du verbrochen, liebes Kind?

– Ich habe Unzucht getrieben.

– Wie oft?

– Zweimal.

– Gib einen Dollar in die Kirchenkassa, bete zehnmal Vaterunser und es wird dir vergeben.

Nach diesen Worten läuft der Priester weg und der Rebbe nimmt seinen Platz ein. In diesem Moment kommt eine andere Frau.

– Vater, ich habe gesündigt.
– Und was hast du verbrochen, liebes Kind?
– Ich habe Ehebruch begangen, Vater.
– Wie oft?
– Nur einmal, Vater.
– Dann gehe und mache es noch einmal.
– Was? Noch einmal?
– Ja, sicherlich. Für einen Dollar kannst du zweimal.

Ein Rabbi und ein Priester sitzen bei Tisch und der Rabbi will wissen, wie es dem Priester geht.
– Es geht mir gut, meine Gemeinde ist sehr nett, die Arbeit macht mir Spaß, erwidert der Priester.
– Und wie ist das mit der Entlohnung? will der Rebbe wissen.
– Mein Gehalt ist nicht groß, aber einmal in der Woche kompensiere ich meine geringen Einkünfte mit dem Besuch in einem sehr guten Restaurant in der Stadt. Ich esse und trinke was ich will. Um 11 Uhr haben sie Schichtwechsel und wenn der neue Kellner nach der Rechnung fragt, sage ich, daß ich schon bei seinem Vorgänger bezahlt habe. Und weil ich im Talar sitze, glaubt er mir das.
– Tolle Idee, meint der Rabbi, – nächste Woche gehen wir gemeinsam.
Sie treffen sich im Lokal und schlemmen den ganzen Abend. Nach 11 Uhr kommt der neue Kellner und fragt, ob er die Rechnung bringen darf.
– Wir haben bereits bei Ihrem Vorgänger bezahlt, sagt der Priester.
Der Rabbi fügt hinzu: – Und auf das Wechselgeld warten wir immer noch!

Eine anonyme Anzeige beschuldigte den katholischen Priester, den protestantischen Pastor und den Rabbiner, daß sie Karten um Geld spielten. Beim Protokoll leugnete der Priester alles und berief sich auf alle Heiligen als Zeugen. Der Pastor schwor beim Erlöser, daß er nicht Karten spielen kann. Endlich kam der Rabbiner an die Reihe.
Kommissar: Also, haben Sie Karten gespielt?
Der Rebbe zuckt seine Schultern: – Allein konnte ich Karten spielen?

Einem Rabbi einer orthodoxen Gemeinde fällt am Schabbes ein Tausend-Dollar-Schein aus der Tasche. Er bückt sich, um den Schein aufzuheben und wird dabei von einem Schüler beobachtet.
– Rabbi, wie konntest du gegen das Gebot, daß man am Schabbes kein Geld bei sich tragen soll, verstoßen? fragt der Schüler entsetzt.
– Ach, das da? sagt der Rabbi, – das nennst du Geld?

Zwei zerstrittene Geschäftsleute kommen zum Rabbi und wollen wissen, wer recht hat. Der Rabbi hört sich den ersten an und sagt:
– Du hast vollkommen recht.
Der zweite kommt in die Stube, erzählt seine Geschichte und der Rabbi sagt:
– Du hast vollkommen recht.
Die Frau vom Rabbi, die beiden Gesprächen zugehört hatte, konnte ihren Mann nicht verstehen.

– Wie kannst du den beiden recht geben? fragt sie, wenn der eine recht hat, dann kann der andere nicht recht haben und wenn der andere im Recht ist, dann kann der erste nicht im Recht sein!
Worauf der Rabbi sagt:
– Auch du hast vollkommen recht.

~ ~

Der Rabbi war ein strenger Lehrer und verlangte seinen Schülern alles ab. Es war zu erwarten, daß er in die Luft gehen würde, nachdem der kleine Mordechai seine Hausübung abgegeben hatte.
– Das ist die schlechteste Hebräisch-Aufgabe, die ich in meinem ganzen Leben gezwungen war zu lesen, wetterte der Rabbi. – Ich verstehe nicht, wie eine Person so viele Fehler auf einmal machen kann!
– Hat auch nicht, verteidigte sich Mordechai. – Mein Vater half mir.

~ ~

Die Gemeinde Brody in Galizien hatte eine einzige Kuh und die hörte auf Milch zu geben. Auf Anfrage bekamen die Einwohner von Brody zwei Angebote: Eine Kuh aus Krakau für 10.000 Kronen oder eine aus Otynia für 1000 Kronen. Es war klar, daß sie sich für die Kuh aus Otynia entschieden.
Das Tier war ein Prachtstück und gab von Anfang an viel Milch. Alle liebten die neue Kuh und beschlossen, sie decken zu lassen, damit sie für immer und ewig genug Milch hatten. Sie borgten sich einen Stier aus der nächsten Ortschaft aus, führten ihn in den Stall und schauten neugierig zu. Den gan-

zen Tag passierte nichts, weil jedesmal, wenn der Stier zum Sprung bereit war, die Kuh einen Schritt nach rechts machte. Kam der Stier von der rechten Seite, machte die Kuh einen Schritt nach links.

Am Abend, voller Verzweiflung, gingen sie zum Rabbi. Sie erzählten ihm, was sie den ganzen Tag beobachtet hatten und baten um Rat.

Der Rabbi dachte kurz nach und sagte dann: – Kettet die Kuh mit gespreizten Beinen an und dann wird es zur Paarung kommen. Übrigens, habt ihr die Kuh nicht in Otynia gekauft?

– Ein Hellseher! riefen die Leute aus. – Du bist so weise, Rebbe. Wir haben doch nicht gesagt, woher die Kuh kommt. Woher weißt du das?

Traurig antwortete der Rabbiner: – Meine Frau ist auch aus Otynia.

Ein Priester und ein Rabbiner fahren im gleichen Zugabteil. Nach einer Weile sagt der Priester:

– Ich weiß, daß eure Religion das Essen von Schweinefleisch verbietet ... haben Sie eigentlich schon Schweinefleisch gekostet?

– Ich will Ihnen die Wahrheit sagen. Ja, ich habe Schweinefleisch gekostet.

Und im gleichen Atemzug fragt er den Priester:

– Nach den Gesetzen Ihrer Religion sollen Sie das Zölibat einhalten ...

Der Priester erwidert: – Ja, ich weiß, was Sie fragen wollen. Einmal oder zweimal habe ich das Gesetz gebrochen ...

Es ist Stille im Abteil. Und dann sagt der Rabbiner:

– Viel besser als Schweinefleisch, nicht wahr?

Ein Rabbi mußte in seiner neuen Gemeinde feststellen, daß während des Shema-Gebets die Hälfte der Anwesenden in der Synagoge aufstand und die Hälfte sitzenblieb.
Die Sitzenden schrien mit den Stehenden, sie mögen sich niedersetzen und die Stehenden schrien mit den Sitzenden, sie mögen aufstehen ...
Der Rabbi wußte nicht, wie das Problem zu lösen wäre. Die Gemeinde schlug vor, er möge einen 98 Jahre alten Mann konsultieren. Der Rabbi hoffte, dieser alte Mann würde ihm sagen können, was die Tradition der Synagoge ist. Er nahm einen Vertreter jeder Gruppe mit und zu dritt gingen sie in jenes Altersheim, in dem der alte Mann lebte.
Der Vertreter der Stehenden fragte:
– Ist das die Tradition der Synagoge, daß beim Shema-Gebet die Anwesenden stehen?
– Nein, das ist nicht die Tradition.
– Ist das die Tradition, daß man beim Shema-Gebet sitzt? fragte der Vertreter der anderen Gruppe.
– Nein, das ist nicht die Tradition.
– Aber, sagte der Rabbi, – in der Synagoge schreien die Sitzenden mit den Stehenden und die Stehenden mit den Sitzenden ...
Der alte Mann unterbrach ihn. – DAS ist die Tradition!

Ein junger Rabbi wird von einem älteren Priester zum Abendessen eingeladen. Er bewundert die junge, attraktive Köchin, die das Essen serviert. Im Laufe des Abends fragt er sich etliche Male, ob es mehr zwischen den zweien gibt als nur ein Dienstverhältnis. Der Priester hat die Gedanken des Rabbis erraten und sagt:

– Ich weiß, was Sie sich denken, aber wir zwei stehen in einer reinen Geschäftsverbindung.

Eine Woche nach diesem Besuch kommt die Köchin zum Priester und sagt:

– Vater, seitdem der Rabbi da war, fehlt uns ein silberner Löffel. Sie glauben wohl nicht, daß er ihn genommen hat?

– Das bezweifle ich sehr, sagt der Priester, aber ich werde ihm einen Brief schreiben, um sicher zu sein. Er setzt sich und schreibt:

Lieber Rabbi, ich sage nicht, daß Sie einen silbernen Löffel von meinem Haus mitgenommen haben, ich sage auch nicht, sie haben ihn nicht mitgenommen. Es bleibt eine Tatsache, daß er, seitdem Sie da waren, fehlt.

Einige Tage später bekommt der Priester eine Antwort. Dort steht:

Lieber Vater, ich sage nicht, daß Sie mit ihrer Köchin sexuell verkehren und ich sage nicht, daß Sie mit ihr nicht sexuell verkehren. Es bleibt eine Tatsache, daß Sie, hätten Sie seit meinem Besuch ein einziges Mal in Ihrem Bett geschlafen, Sie den Löffel gefunden hätten.

Ein katholischer Priester, ein evangelischer Pastor und ein Rabbi diskutieren über den Beginn des Lebens:
Katholischer Priester: Das Leben beginnt mit der Befruchtung des Eis.
Evangelischer Pfarrer: Nein, nein, das Leben beginnt mit der Geburt.
Der Rabbi schweigt.
– Na, Rabbi, was sagen Sie zu dieser wichtigen Frage?
Rabbi: Ich werde Euch etwas sagen – Wenn die Kinder aus dem Haus sind und der Hund gestorben ist, dann beginnt das Leben!

Ein Rebbe und ein katholischer Priester während einer ihrer Unterhaltungen.
– Wenn die Beschneidung bei den Juden so wichtig ist, warum werden die Juden nicht gleich beschnitten geboren? fragt der Priester.
– Das kann ich Ihnen erklären, sagt der Rabbi. – Nach dem kannonischen Recht müssen katholische Priester Enthaltsamkeit üben, warum werden sie nicht gleich als Eunuchen geboren?

– Rebbeleben, gibt es ein absolut sicheres Mittel, daß die Frau nicht schwanger wird?
– Sicherlich: Man muß ein Glas Wasser trinken.
– Vorher oder nachher?
– Anstatt!

Ein sehr gläubiger Rabbi starb und die ganze Gemeinde betete zu Gott, er möge ihnen ermöglichen, kurz zu schauen, was ihr Rabbi im Himmel macht. Die Bitte wurde erhört und die Gläubigen sahen ihren Rabbiner mit einem schönen, jungen Mädchen auf seinem Schoß.

– Rebbe! schreien sie alle aus. – Wie kannst du nur, der auf der Erde so heilig war!

– Das müßt ihr verstehen, erklärt der Rabbi, – sie ist nicht meine Belohnung – ich bin für sie die Strafe!

∽ ∼

– Rabbi, sagte der Präsident einer jüdischen Gemeinde, es tat mir leid, als ich hörte, daß Sie sich entschieden haben, uns zu verlassen.

– Du brauchst dir keine Sorgen zu machen, sagte der Rabbiner, ich werde euch einen Nachfolger empfehlen, der wahrscheinlich noch besser ist als ich.

– Das ist genau das, was mir Sorgen bereitet, antwortete der Präsident. – Dein Vorgänger hat uns das gleiche gesagt.

∽ ∼

Ein junger Frauenheld wurde in seiner Gemeinde zu einer erheblichen Geldstrafe verurteilt, weil er ohne Grund seine Verlobung mit einem schönen Mädchen aufkündigte. Weil das nicht der erste Vorfall dieser Art bei diesem Mann war, hatte der Rabbi eine salzige Geldstrafe zugunsten der Eltern seiner Verlobten angeordnet.

– Aber Rabbi, ich war nur einige Wochen mit dem Mädchen verlobt! protestierte der Jüngling. Sie kann immer noch jemanden anderen heiraten, zwischen uns ist überhaupt nichts passiert!

– Das ist nicht das erste Mal, daß du ein respektables jüdisches Mädchen erniedrigt hast, antwortete der Rabbi langsam. Aber das gehört nicht hierher.
– Was ist dann der Grund für meine Strafe?
Stell dir zwei Äpfel vor, die vom Baum gefallen sind. Der eine wird aufgehoben, gewaschen und von dem gegessen, der ihn gefunden hat. Aber der andere wird von einem Schwein gefunden, das ihn in sein Maul nimmt und dann ausspuckt. Es ist wahr, daß das Schwein den Apfel nur einige Augenblicke besaß und ihn dann wieder ausspuckte, ohne einen Schaden anzurichten, aber niemand wird diesen Apfel jemals angreifen.
– Rabbi, sagte der junge Mann beleidigt, sie nennen mich ein Schwein?
– Nu, antwortete der Geistliche, seien wir nett und sagen wir, daß ich das Mädchen einen Apfel nenne. Zahl die Strafe!

Die folgende Geschichte wird über einen Rabbiner erzählt, der für seinen Humor bekannt war.
Eines Tages wurde er nach der Philosophiestunde von einem Studenten gefragt:
– Rabbi, hätten Sie lieber 5 Töchter oder 5000 Dollar?
– Fünf Töchter, antwortete der Rabbiner prompt.
– Aber diese Antwort beruht auf einer reinen Emotion, protestierte der Student.
– Meine Entscheidung basiert auf reiner Logik, sagte der Rabbiner. – So wie die Menschen sind, würde ich bald mehr als die 5000 Dollar haben, wenn ich sie schon hätte. Als religiöser Mann kann ich aber nicht dem Reichtum nachgehen. Und dann, junger Mann, würde ich mich lieber für die 5 Töchter entscheiden, weil ich in Wahrheit 8 Töchter habe.

Ein Rabbiner dachte von sich, er wäre wichtig und unfehlbar und könnte nie etwas falsch machen. Eines Tages kam ein Jude zu ihm und bat ihn, für seine sehr kranke Frau zu beten.
– Keine Angst, erwiderte der Rabbiner mit einem Lächeln, geh' nur nach Hause, ich werde mich schon kümmern.
Am nächsten Tag kam der Jude weinend zurück:
– Rabbi, meine liebe Frau ist gestorben!
– Unmöglich, sagte der Rabbiner, immer noch zu sehr von seinen Fähigkeiten überzeugt. – Wie kann es sein? Ich habe die ganze Nacht mit dem Engel des Todes gekämpft und schließlich habe ich ihm sein Schwert abgenommen.
– Du verstehst nicht, Rabbi, weinte der Jude, ich sage dir, sie ist tot!
– In diesem Fall, sagte der Rabbiner, – ist die einzig logische Erklärung, daß sie der Engel des Todes, nachdem er kein Schwert mehr bei sich hatte, einfach erdrosselt hat.

~ ~

Der Rabbi und der Schammes einer Gemeinde hatten nicht das beste Verhältnis zueinander. Nach außen jedoch trachteten sie es nicht zu zeigen. Eines Tages predigte der Rebbe in der Synagoge, als sein Wortfluß plötzlich durch ein lautes Schnarchen unterbrochen wurde.
– Schammes, befahl der Rebbe, – wecken Sie den Mann sofort auf!
– Wecken Sie ihn selber auf! antwortete der Kirchendiener, Sie haben ihn ja eingeschläfert!

~ ~

Juden und Nichtjuden

Kurz vor der Russischen Revolution dessertierte ein junger jüdischer Soldat aus seinem Regiment. Er wurde bald gefunden und vor den General gebracht.

– Du bist ein bodenloser Feigling und Verräter des Vaterlandes! schrie der Offizier.

– Herr General, sagte der junge Soldat. Es war nicht meine Absicht, das Vaterland zu verraten. Ich bin weggelaufen, weil ich unseren Feind so sehr hasse, daß ich ihn nicht einmal ansehen kann!

Zwei Damen kamen zum Herrn Lustig und baten um einen Beitrag für ihren Wohltätigkeitsverein. Herr Lustig redete sich lange aus, aber zum Schluß fiel ihm keine Ausrede mehr ein, und er stellte einen Scheck mit dem Betrag von 200 Dollar aus.

Einige Zeit später kamen die Damen zurück und machten Herrn Lustig darauf aufmerksam, daß er vergessen hatte, den Scheck zu unterschreiben.

– Ich werde ihn auch jetzt nicht unterschreiben, sagte er voller Empörung. – Glauben Sie ja nicht, meine Damen, daß ich zu jenen Menschen gehöre, die ihre Wohltaten in die Welt hinausposaunen. Wenn ich schon karitativ tätig bin, will ich anonym bleiben.

Der alte Porges, der in seiner Familie als weiser Mann gilt, erzählt seinen Enkeln:

– Also schaut mal Kinder: Diese Welt, die wir hier sehen, gehört nicht uns Juden, sondern sie gehört den Christen. Dafür jene Welt, die uns nach dem Tod erwartet, wird uns gehören.

Nach einer Weile fügt er hinzu:

– Das heißt, ich würde lachen, wenn auch jene Welt den Christen gehören würde!

∽ ∼

Deutsch-französische Grenze.

Zöllner: – Haben Sie etwas zu verzollen?

Pinkas: – Nein.

Zöllner: – Und was ist in der Flasche?

Pinkas: – Das ist Weihwasser aus Lourdes.

Der Zöllner macht die Flasche auf und stellt fest, daß es Cognac ist.

– Da schauen wir her, meint Pinkas, – wieder ein Wunder!

∽ ∼

Der Präsident der Aufnahmekommission befragte einen Juden, der Mitglied der Kommunistischen Partei Rußlands werden wollte:

Genosse, stell dir vor, jemand stirbt und du erbst 10.000 Rubel. Was würdest du machen?

– Ich würde sofort die Hälfte der Partei geben und die Hälfte behalten.

– Sehr gut. Jetzt stell dir vor, du hättest zwei Häuser?

– Ich würde ein Haus der Partei geben und das andere behalten.

– Ausgezeichnet. Jetzt stell dir vor, du hättest zwei Hosen?
– Genosse Präsident, diese Frage ist unfair. Zufällig besitze ich zwei Hosen.

Ein junger Jude liebte ein nichtjüdisches Mädchen. Sein Vater war sehr gegen die Heirat, aber der Sohn heiratete sie trotzdem.
Der Sohn arbeitete im Geschäft seines Vaters, aber am Samstag nach der Trauung ließ er sich im Geschäft nicht sehen. Er erklärte dem Vater, seine Frau würde ihm nicht erlauben, am Schabbes zu arbeiten.
– Aha! rief der Vater aus. – Habe ich dich nicht vor der Ehe gewarnt?

Ein osteuropäischer Handelsreisender in Deutschland saß im Zug neben dem Fürst von Bismarck und hatte keine Ahnung, wer der Mann neben ihm war.
– Wie geht's?, sagte der Handelsreisende höflich, – ich vertrete die Firma Kohn & Grün in Sachen Winterbekleidung. Sie schauen auch wie ein Verkäufer aus. Darf ich den Namen Ihrer Firma erfahren?
Bismarck fand die Situation komisch und entschied sich, das Spiel mit dem neugierigen und freundlichen Reisenden mitzuspielen.
– Ich reise für Kaiser und Reich, sagte er.
– Sagen Sie, diese Namen habe ich schon mal gehört. Eine jüdische Firma?

Ein Chasid verteidigt seinen Rabbiner gegen einen skeptischen Andersgläubigen:

– Weißt du überhaupt, wie großartig unser Rabbiner ist? Jeden Samstag kommt Gott persönlich in sein Büro, setzt sich bequem auf die Couch und leistet unserem heiligen Mann Gesellschaft.

– Woher willst du wissen, daß das wahr ist?

– Es gibt keinen Zweifel daran. Der Rebbe hat uns das selber gesagt.

– Ja, aber woher weißt du, daß er die Wahrheit sagt?

– Nu entschuldige! Glaubst du, daß der allmächtige Gott mit einem Lügner jeden Samstag verbringen würde?

Ein Pole, ein Italiener und ein Jude, alle drei zum ersten Mal werdende Väter, schreiten nervös auf dem Gang einer Entbindungsstation auf und ab. Endlich erscheint eine Krankenschwester, die ein schwarzes Baby hält.

– Ist das Ihr Kind? fragt sie den Italiener.

– Bestimmt nicht, sagt er.

– Ihr Kind? fragt sie den Polen, der vehement diese Vaterschaft bestreitet.

– Kann das Ihr Kind sein? fragt sie den Juden.

– Vielleicht, antwortet er enttäuscht. – Mein Frau verbrennt wirklich alles.

Ein Mann kniet im Beichtstuhl und erzählt dem Priester folgendes:

– Ich bin 90 Jahre alt, habe seit zwei Wochen eine Beziehung mit der 21jährigen Gattin meines Nachbarn und in den letzten fünf Tagen waren wir sechsmal miteinander im Bett.

– Das ist eine schwere Stunde, sagt der Priester. Du wirst für deine Tat büßen müssen ...

– Warum sollte ich, unterbricht ihn der Mann. – Ich bin jüdisch.

– Jüdisch? Warum erzählen Sie mir dann Ihre Geschichte?

– Ich erzähle sie jedem, sagt der Mann.

Ein jüdischer Bub kommt von der Schule nach Hause und meldet stolz, daß er für eine Rolle in dem Theaterstück, das am Ende des Schuljahres aufgeführt werden soll, ausgesucht wurde.

– Sehr gut, sagt seine Mama. – Welche Rolle hast du denn bekommen?

– Ich spiele einen jüdischen Ehemann.

– Geh zurück in die Schule und sag der Lehrerin, daß du keine stumme Rolle haben willst.

Ein junger Jude ruft seine Mutter an und sagt:

– Mama, ich bringe ein Mädchen mit mir nach Hause, das ich heiraten will. Sie ist Indianerin und heißt Fliegender Stern.

– Wie schön, sagt die Mama.

– Ich habe auch einen indianischen Namen ... Sitzender Bulle. Du mußt mich von nun an so nennen.

– Wie schön, sagt die Mama.
– Du mußt auch einen indianischen Namen haben, Mama.
– Ich habe ihn, sagt die Mutter. Nenne mich Sitzende Shive.

In London soll David geadelt werden. Zu seinem Freund sagt er: – Ich werde absagen, weil ich mich weigere, für die Königin diesen lateinischen Text zu lernen.
– Also sag etwas auf Hebräisch, die Königin wird den Unterschied doch nie merken, rät der Freund.
– Ausgezeichnet! Aber was soll ich denn sagen?
– Erinnerst du dich an die Frage, die der Sohn beim Pessachfest dem Vater stellt? Kannst du das auf hebräisch sagen?
– Natürlich. Danke, lieber Freund, also ich werde doch zu der Zeremonie gehen. Im Palast angelangt, wartet David in der Schlange vor der Königin. Endlich wird sein Name aufgerufen. David kniet, die Königin legt ihm ein Schwert auf die eine Schulter und dann auf die andere Schulter und gibt ihm ein Zeichen, daß er mit der Rede anfangen soll.
Er sagt: Ma nischtana halaila haze mikol haleilot.
Die Königin wendet sich zu ihrem Gemahl und sagt:
– Warum ist dieser Ritter anders als alle anderen Ritter?

In der Geschichte gab es immer wieder Menschen, die einen Juden nie in ein politisches Amt gewählt hätten. Das mußte auch Disraeli bei seiner ersten Wahl ins Parlament erfahren. Als er unter die Leute ging, um Stimmen zu werben, sagte ihm ein Antisemit:

– Ich würde lieber dem Teufel meine Stimme geben, als Sie zu wählen!
– Ich verstehe, erwiderte Disraeli. Sollte sich aber Ihr Freund dieser Wahl nicht stellen, darf ich mit Ihrer Stimme rechnen?

~ ~

Moris war die ganze Woche brav und da beschloß Mama, ihn ins Kino mitzunehmen. Sie sahen den Film Quo Vadis über die Verfolgung der ersten Christen im alten Rom. Bei einer Szene in der Arena, in welcher eine Gruppe von Christen den Löwen vorgeworfen und sofort in Stücke zerrissen wird, schaute Mama weg, während Moris mit großen Augen die Szene weiterverfolgte. Ein wenig später hörte Mama, daß Moris weinte.
– Moris, das ist nur ein Film, die Menschen werden nicht wirklich gefressen, sagte sie.
– Es geht nicht um die Menschen, meinte Moris. Schau dir den armen kleinen Löwen in der Ecke an. Er hat keinen einzigen Goj zu fressen bekommen.

~ ~

Fragt ein Nichtjude einen Rabbiner:
– Wieso habt ihr Juden unter euch so viele begabte Menschen – Wissenschaftler, Künstler, Politiker, Sportler ...?
– Bei uns ist es so, sagt der Rabbiner, daß wir Juden gleich nach der Geburt erkennen, daß ein Kind begabt ist und es dementsprechend erziehen.
– Und was macht ihr mit den nicht begabten Kindern?
– Die lassen wir taufen!

Ein jüdischer Nikolo kommt durch den Kamin in die Stube und sagt:

– Also Kinder, wer will sich ein Geschenk kaufen?

Ein Hebräischlehrer wurde von seinem nichtjüdischen Freund eingeladen. Er kam gerade in dem Augenblick an, als sein Freund mit dem Abendessen beginnen wollte.

– Setz dich und iß mit mir, sagte der Christ.

– Tut mir leid, wir Juden dürfen kein nicht koscheres Essen berühren, sagte der Gast höflich. Aber ich bedanke mich für die Einladung.

Einen Augenblick später wurde ein riesiger Braten auf den Tisch gestellt. Wieder versuchte es der Gastgeber:

– Nimm doch ein Stück von diesem Braten!

Der Gast wiederholte seine vorherige Aussage.

– Eure Religion ist doch furchtbar! rief der Gastgeber aus. Was würdest du inmitten einer Wüste machen, wenn das einzig vorhandene Essen das Nichtkoschere wäre? Würdest du vor Hunger sterben?

– Nein, so ist es nicht. Wenn das Leben auf dem Spiel steht, können auch wir alles essen.

Der Gastgeber nahm diese Aussage zur Kenntnis und plötzlich fingen seine Augen an zu glänzen. Er sprang auf, holte eine Pistole, zielte auf seinen jüdischen Gast und schrie: – Fang jetzt zu essen an, oder ich schieße dir dein Gehirn aus dem Kopf!

Sein Gesicht blaß, seine Hände zitternd, schnitt der Jude ein Stück vom Braten ab und fing langsam zu essen an. Da fing sein Freund zu lachen an ...

– Verstehe mich, mein Freund, es war nur Spaß. Ich wollte nur wissen, ob du das nicht koschere Essen berühren wür-

dest, wenn es wirklich um Leben und Tod geht. Du bist mir hoffentlich nicht böse?
Nein, eigentlich nicht, sagte der Jude langsam. Aber wenn du das nächste Mal so ein schmutziges Spiel spielst, tue es gefälligst, solange der Braten noch warm ist.

Nach dem Ersten Weltkrieg besuchte eine polnische Regierungsdelegation die USA, um Präsident Wilson die Forderungen ihres Landes zu präsentieren.
– Wenn die polnischen Forderungen bei der Friedenskonferenz nicht erfüllt werden, sehen wir ernste Schwierigkeiten in unserem Land. Unsere Landsleute werden so wütend sein, daß viele von ihnen auf die Straße gehen werden und es kommt sicherlich zu einem Pogrom, sagten die Polen.
– Und was passiert, wenn die Forderungen erfüllt werden? fragte Wilson.
– Dann werden unsere Landsleute so glücklich sein, viele von ihnen werden zu einem Wodka greifen, sich betrinken und dann wird es sicherlich zu einem Pogrom kommen.

Während eines Kampfes im Zweiten Weltkrieg wurde ein jüdischer Soldat von einer Kugel getroffen und schwer verletzt. Ein katholischer Priester, der ihn zu Boden fallen sah, eilte zu ihm, kniete neben seinem Kopf und zeigte ihm sein Kreuz mit dem gekreuzigten Christus.
– Weißt du, was das bedeutet? fragte der geistliche Mann.
– Gewalt, murmelte der Soldat. Ich liege hier im Sterben mit einer Kugel im Bauch, und er spielt mit mir Rätselraten.

Arthur Kohn, Besitzer einer gutgehenden Textilhandlung, war nach einem harten Arbeitstag auf dem Weg nach Hause, als es plötzlich anfing zu regnen. Nach einigen Minuten schüttete es dermaßen stark, daß er bis auf die Haut naß war. Arthur suchte einen Ort, wo er sich unterstellen könnte, und die einzige offene Tür, die er sah, war das Tor einer evangelischen Kirche, worauf stand: KOMM HEREIN UND DU WIRST GERETTET SEIN. Arthur ging hinein.
Drinnen wurde ein Gottesdienst abgehalten, der Pastor versuchte gerade, die Gemeinde dazu zu bewegen, zu Jesus zurückzufinden. Arthur verfolgte die Predigt mit Interesse und bewunderte die Ehrlichkeit und Redegewandtheit des Pastors. Am Ende der Predigt verkündete der Pastor: Alle von euch, die in das himmlische Königreich eintreten wollen, bitte erhebt euch!
Alle standen auf bis auf Arthur Kohn.
– Du, Bruder in der letzten Reihe, rief der Pastor aus, willst du nicht in das Paradies eintreten?
– Ja, sicherlich, rief Arthur zurück, aber warum mit dieser Eile?

Atheisten und Konvertiten

Der berühmte russische Sänger Zinowjew wurde einmal im Ausland gefragt, ob er vielleicht mit seinem Namensvetter, der unter Stalin ermordet wurde, verwandt wäre.
– Nein, nein, hatte er sofort diese Möglichkeit ausgeschlossen. – Ich bin doch Kirschenbaum und er war Schönstein!

Die Vorfahren von Shlomo Pick waren Israeliten, aber Shlomo Pick war katholisch. Als einmal ein gewisser Herr Stein um die Hand seiner Tochter bat, sagte Herr Pick:
– Lieber Herr Stein, daraus wird nichts. Erstens sind Sie mosaisch und wir sind Christen. Und zweitens haben Sie kein Geld und das ist bei uns Juden das Wichtigste.

Ken Dawidowitsch kam in eine Buchhandlung und wollte ein Exemplar der deutschen Ausgabe der Bibel in Leder.
– So etwas Teures haben wir nicht auf Lager, aber wenn Sie wollen, kann ich es für Sie bestellen, sagte der Verkäufer.
– In Ordnung, sagte Dawidowitsch, aber ich kann nicht sehr lang warten. Weihnachten steht vor der Tür!

Zwei Brüder sind in eine Debatte verwickelt.
– Also, du sagst, du bist ein Atheist und glaubst an nichts?
– So ist es. Ich kann nur an das glauben, was ich verstehe.
– Jetzt ist alles klar. Das erklärt genau, warum du an nichts glaubst!

Jochem war gerade Mitglied der katholischen Kirche geworden und es wurde ihm mitgeteilt, daß er von nun an die Gesetze der Kirche befolgen muß.
– Merke dir, warnte ihn der Priester, von nun an ist es dir verboten, am Freitag Fleisch zu essen.
– In Ordnung, ich werde es nicht vergessen, versprach Jochem.
Aber der Priester traute dem neuen Konvertiten nicht ganz und erschien unangemeldet am nächsten Freitag in seinem Haus. Als ob er es gewußt hätte, der ehemalige Jude aß gerade sein Steak.
– Also, das ist ungustiös! schrie der Priester. Hast du nicht versprochen, daß du am Freitag kein Fleisch essen wirst?
– Fleisch? Wer ißt Fleisch? antwortete Jochem. Das hier ist gefillte Fisch.
– Glaubst du, daß ich verrückt bin? schrie der erregte Priester. Wie kann jemand aus Fleisch einen Fisch machen?
– Genauso, wie ihr aus einem Juden einen Katholiken macht, sagte der Konvertit seelenruhig. Ich habe das Fleisch mit Wasser bespritzt.

Jakob Rubinstein verliebte sich in eine Schikse und nachdem er seinen Namen auf ihren Wunsch auf Josef Robinson geändert hatte, wurden die zwei getraut. Nach einiger Zeit bekamen sie einen Sohn, den sie Peter nannten.
Eines Tages kam Peter von der Schule und verkündete ganz stolz, er würde sich die nächsten zwei Tage von der Schule wegen der hohen jüdischen Feiertage freinehmen.
– Das wirst du nicht machen! schrie der Vater. Du bist nur halb jüdisch, also gib dich mit einem Tag zufrieden.

Ein junger Mann besuchte einmal einen berühmten Rabbiner und erzählte von sich stolz, er sei ein überzeugter Atheist.
– Bevor man die Philosophie annehmen oder ablehnen kann, sagte der Rabbi, und bevor man einer Sache Glauben schenken oder sie ablehnen kann, muß man zuerst die Hauptthesen kennen. Würdest du dem zustimmen?
– Ja, natürlich, erwiderte sofort der Jüngling.
– Dann erlaube mir die Frage nach deiner Kenntnis der Tora?
– Nu, ich würde nicht sagen, daß ich sie beherrsche, aber ich las vor Jahren ein wenig drin für mein Bar Mizwa.
– Und den Talmud?
– Aber Rabbi! Niemand liest heutzutage den Talmud!
– Wie wäre es dann mit einigen berühmten Philosophen? Hast du zum Beispiel Maimonides oder Moses Mendelssohn studiert?
– Ich habe von ihnen nie gehört.
– Mein lieber junger Mann, seufzte der Rabbi, du kennst die Tora nicht, hast keine Ahnung vom Talmud und du hast nie von jüdischen Philosophen gehört. Und dennoch hast du den Mut, dich als ungläubig zu bezeichnen. Du bist kein Atheist – du bist ein Ignorant!

Moris Landmann kniete am Altar einer protestantischen Kirche.

– Im Namen des Vaters, des Sohnes und des heiligen Geistes, taufe ich Sie jetzt und heiße Sie willkommen im christlichen Königreich, sang der Pfarrer und besprühte das neue Mitglied mit Wasser.

Landmann stand auf, und der Pfarrer schüttelte seine Hand.

– Jetzt, nach der Taufe, kannst du dir einen christlichen Namen aussuchen, wenn du willst, sagte er. Hast du dir das schon überlegt?

– Ja, Herr Pfarrer, natürlich, antwortete Landmann. Ich möchte Martin Luther heißen.

– Das ist ein berühmter Name, darf ich fragen warum?

– Wissen Sie, erklärte Moris Landmann, ich will nicht die Initialen auf meinen Hemden ändern müssen.

Das Judentum in der Welt

Israel

Im New Yorker Hafen kommt ein alter Mann zum Kapitän eines israelischen Schiffes und sagt:
– Ich habe mir immer gewünscht, in Israel zu sterben. Jetzt bin ich über achtzig Jahre alt und spüre, wie ich jeden Tag schwächer und kränklicher werde, habe aber kein Geld für die Überfahrt. Gäbe es eine Möglichkeit, daß Sie mich trotzdem mitnehmen?
Dem Kapitän tut der alte Mann leid, und er nimmt ihn kostenlos ins Heilige Land mit. Im Hafen von Haifa bedankt er sich mit Tränen in den Augen für die geleistete Hilfe, und erst dann betritt er das Festland.
Einen Monat später fährt das Schiff nach New York zurück. Tage vergehen, die offene See ist erreicht, als der Kapitän seinen bekannten alten Mann im Sonnenstuhl an Deck findet.
– Das ist aber eine Chupze! sagt er erbost. – Ich nehme Sie kostenlos um die halbe Welt mit, weil Sie mir erzählen, Sie möchten in Israel sterben und jetzt fahren Sie zurück!
– Das müssen Sie doch verstehen! Die paar Wochen in Israel haben mir sehr gut getan, ich fühle mich viel besser. Ich will nach wie vor in Israel sterben, aber leben, nie!

Ein Bombenangriff auf Jerusalem. Die Menschen eilen in die Bunker, und Blum beschwert sich beim Stern:

– Das habe ich wieder schlecht gemacht, ich habe zu Hause meine Zahnprothesen vergessen!

Stern zuckt nur seine Schultern:

– Und was glauben Sie wird jetzt fallen? Belegte Brötchen?

~ ~

Bei der Jahresversammlung der Zionistischen Bewegung der USA erzählte ein Mitglied über seine Reise nach Israel.

– An einem Tag wurde ich zum Grab des unbekannten Soldaten geführt. Als wir hinkamen, traute ich meinen Augen nicht. In großen Buchstaben stand dort: Aaron Silberfarb, Philosoph. Wie kann ein unbekannter Soldat einen Namen haben, fragte ich.

– Als Soldat, haben sie mir versichert, war er unbekannt, aber als Philosoph ist er sehr berühmt geworden!

~ ~

Frau Solomon: – Vielen Dank für die Einladung zum Kaffee, Frau Ginsberg. Ihr Kuchen war so gut, daß ich drei Stück davon gegessen habe!

Frau Ginsberg: – Vier, aber wer zählt schon?

~ ~

Herr Rosenberg kaufte sich ein teures Auto. Da er selber kein guter Fahrer war, übergab er das Lenkrad seiner Frau. Und sie verstand es, ganz sanft mit dem Automobil umzugehen und sich im Verkehr zurechtzufinden.

Eines Tages fuhren sie durch eine hügelige Landschaft. Wie aus der Pistole geschossen fuhr das Auto den Berg hinauf und auch beim Hinunterfahren wurden sie immer schneller. Das Bremssystem hatte versagt.
– Oj, was soll ich machen? schrie Frau Rosenberg laut.
– Mit Gottes Hilfe, sagte ich aufgeregter Mann, triff etwas Billiges!

Frau Hirschkogel, eine arme Witwe, erbte eines Tages ein Vermögen. Sofort übersiedelte sie in eine exklusive Wohnung und ließ einen Architekten des teuersten Möbelhauses ihrer Stadt kommen.
– Frau Hirschkogel, sagte er, wollen Sie die Wohnung im französischen Stil oder mit modernen italienischen Möbeln einrichten?
– Hören Sie mal zu, richten Sie die Wohnung so ein, daß, wenn meine Freunde zu Besuch kommen, sie nur einen einzigen Blick auf die Einrichtung werfen und tot umfallen.

Der Staat Israel war nur einige Wochen alt. Oberleutnant Schechter war zum Bürgermeister gewählt worden. Er hatte gerade sein neues Büro betreten, als jemand an die Tür klopfte. Der neue Bürgermeister wollte seinen Besucher beeindrukken, rief «Herein bitte«, hob gleichzeitig den Hörer seines Telefonapparates ab und täuschte ein wichtiges Gespräch auf höchster Ebene vor:
– Ja, Herr Ben-Gurion, ich bin einverstanden, aber bitte warten Sie mit der Entscheidung ab, bis ich mir alle Unterlagen

angeschaut habe. Danke vielmals, Herr Ben-Gurion und ich erwarte Sie und Ihre Gattin heute bei mir zu Hause zum Abendessen.
Der Bürgermeister legte auf und wendete sich seinem Besucher zu, der geduldig auf der anderen Seite des Schreibtisches stand.
– Junger Mann, sagte er, – was kann ich für Sie tun?
– Nichts, sagte der Besucher. – Ich bin hierher geschickt worden, um Ihr Telefon anzuschließen.

Diese Geschichte ereignete sich ca. 100 Jahre vor der christlichen Zeitrechnung. Eleazar kommt in den Himmel und klopft, um aufgenommen zu werden. Das große Tor öffnet sich und Patriarch Abraham tritt vor.
– Willkommen, Bruder, Adonaj wartet auf dich.
Eleazar freut sich und erwidert:
– Vater Abraham, ich bin bereit Adonaj zu treffen.
Nach einigen Schritten hält ihn Abraham auf:
– Bevor du das Paradies betreten kannst, mußt du nachweisen, daß du wert bist, hier aufgenommen zu werden.
– Wie kann ich das beweisen?
– Du mußt zeigen, daß du mindestens einmal in deinem Leben besonders mutig warst. Kannst du dich an eine solche Situation erinnern?
– Ja, sagt Eleazar und sein Gesicht strahlt. Ich erinnere mich, einmal in den Palast des römischen Konsuls gegangen zu sein und ich begegnete ihm von Angesicht zu Angesicht. Er war von schwer bewaffneten Soldaten umstellt, aber ich habe sie einfach ignoriert. Ich sagte zu ihm, daß er das größte Arschloch der Welt war, eine Kreatur, die von der Unterdrückung

der Juden in Jerusalem lebte. Dann spuckte ich in sein Gesicht.
Abraham ist beeindruckt.
– Ich muß zugeben, dies war eine sehr mutige Handlung von dir, da wir alle wissen, wie sehr der Konsul die Juden haßt und wie viele Soldaten er um sich stehen hat. Ja, du wirst sicherlich ins Paradies kommen, nur sage mir, wann ist all dies geschehen?
– Ach, sagt Eleazar, vor ungefähr drei oder vier Minuten.

Issak Kohn geht in Jerusalem zur Musterung und es gelingt ihm, der Kommission glaubhaft zu machen, daß er fast blind ist. Er wird auf der Stelle vom Militärdienst befreit. Aus Freude beschließt er, am Nachmittag ins Kino zu gehen.
Nach der Wochenschau wird im Kinosaal das Licht eingeschaltet und Issak muß zu seiner Überraschung feststellen, daß er ausgerechnet neben dem Vorsitzenden der Musterungskommission sitzt. Er wendet sich zu ihm und fragt:
– Entschuldigung, bin ich hier richtig im Bus nach Haifa?

Zeitungen in aller Welt gaben in ihren Schlagzeilen bekannt, daß sich ein Krieg zwischen Israel und Ägypten anbahnen würde. Die israelische Armee war vorbereitet, es fehlte nur der Kommandant des einzigen U-Bootes, das das Land besaß. Es meldete sich Georg Rothschild, Sohn einer sehr reichen Familie, der auch U-Boot-Offizier war.
Am dritten Tag des Krieges wurde ein ägyptisches Kriegsschiff gesichtet. Tief unter der Meeresoberfläche befahl der

Kapitän, alle Vorbereitungen zum Versenken des feindlichen Schiffes zu treffen.
– Merkt euch nur, sagte er, daß die Torpedos nicht auf Bäumen wachsen! Jede kostet $ 20.000, also zielt genau und schießt nicht ohne meinen Befehl! Jeder Fehlschuß geht auf eure Rechnung!
– Das feindliche Kriegsschiff 200 Meter vor uns, meldete ein Matrose.
– Feuer! befahl Rothschild.
Der Schütze machte keine Bewegung.
– Das feindliche Kriegsschiff 100 Meter vor uns, meldete wieder der Matrose.
– Feuer! befahl Rothschild, aber der Schütze bewegte sich wieder nicht.
– In Ordnung! Feuer! schrie Rothschild. – Ich werde die Torpedos bezahlen!

~ ~

Der Herr Roubitschek beschwert sich über seinen Schwiegersohn:
– Ojwawej, der ist eine reine Katastrophe! Stellen Sie sich vor, er kann weder trinken noch Karten spielen!
– Was ist das für eine Katastrophe? erwidert Kohn. – Warum beschweren Sie sich?
– Weil er trinkt und Karten spielt!

~ ~

Vereinigte Staaten

Präsident Clinton wollte wissen, wieso die Juden alles vor ihm wußten. Er beauftragte den CIA und den FBI, um es herauszufinden.
Eine Woche später kam die Antwort:
Herr Präsident, die Juden haben etwas, was sie Sabbat nennen. Da treffen sie sich in der Synagoge und haben ein Losungswort: ›Nu‹. Wenn der eine zum anderen ›Nu‹ sagt, erzählt ihm der andere alle Neuigkeiten.
Clinton wollte sich selber überzeugen. Er wurde als Chassid angezogen in die Synagoge geführt. Er setzte sich neben einen anderen religiösen Mann, wartete einige Augenblicke und sagte: – ›Nu‹
Der Mann antwortete: – Psst, Clinton kommt uns heute besuchen.

Aaron und Sara liebten sich sehr. Aber Aaron mußte für längere Zeit dienstlich in die USA übersiedeln. Sara weinte bitterlich. Aaron war deshalb sehr unglücklich und die beiden schworen einander ewige Liebe. Nach einigen Monaten bekam Aaron einen Brief:
– Lieber Aaron, Du wirst sicherlich verstehen. Ich kann nicht länger auf Deine Rückkehr warten, weil mich der Sohn eines reichen Realitätenmaklers um meine Hand bat. Er schenkte mir ein Auto und lud mich auf eine Weltreise ein. In dieser Situation fühlte ich mich schon fast wie seine Frau, es fehlt

nur der Weg in die Synagoge, den wir nächste Woche planen. Ich teile Dir dies mit und ersuche Dich, mir mein Foto zurückzuschicken. Hochachtungsvoll – Sara.
Aaron wollte sich zunächst umbringen, dann aber überlegte er sich das und kaufte eine Menge Fotografien von Filmstars. Die ganze Sammlung schickte er Sara mit dem folgenden Brief:
– Sehr geehrtes Fräulein! Ich kann mich nicht mehr erinnern, wer Sie sind. Suchen Sie sich Ihr Foto selber aus und schicken Sie mir den Rest zurück. Hochachtungsvoll – Aaron.

Ein Jude kommt von der Synagoge nach Hause und erzählt seiner Frau:
– Sie sagen, der Messias kann jeden Tag kommen und wird uns alle nach Israel bringen.
Die Frau wird hysterisch.
– Nein, nein. Das wäre furchtbar. Es hat Jahre gedauert, bis wir uns leisten konnten, in diesem Viertel zu wohnen und ein Haus, das wir immer wollten, zu kaufen. Wir haben eine Stange Geld ausgegeben, um es herzurichten. Ich will nicht, daß uns der Messias wegbringt!
– In Ordnung, hab keine Angst, sagt der Mann. – Wir haben die Pharaonen überlebt, wir haben Haman überlebt. Mit Gottes Hilfe werden wir auch den Messias überleben!

Der Oberrabbiner von Chicago wurde vom Präsidenten der Gemeinde angehalten.
– Rabbi, sagte er streng. – Schon längere Zeit höre ich von den verschiedensten Mitgliedern unserer Gemeinde, daß du dich mit Frauen auf der Straße unterhälst – am hellichten Tag! Ich wollte es nicht glauben, bis ich dich selber dabei sah!
– Nu?
– Es gehört sich doch nicht, daß du dich in der Öffentlichkeit mit Frauen unterhälst!
– Sag mir, lieber Freund, sagte der Rabbiner geduldig, – was ist besser – mit einer Frau zu reden und an Gott zu denken oder mit Gott zu reden und an eine Frau zu denken?

Ein Hausbesitzer läutet bei seinem jüdischen Mieter, der seit zwei Monaten seine Miete schuldet. Es wird ihm im Vorzimmer gesagt, daß der Mieter sehr krank sei und seit sechs Wochen im Bett liege. Der verärgerte Hausbesitzer stürmt voller Wut ins Schlafzimmer des Mieters und läßt seinem Ärger freien Lauf:
– Sie sind nicht krank, Sie sind nur faul, sagt er. – Eine Krankheit ist bloß ein Fehler der sterblichen Einbildung und es gibt sie nur in der Vorstellung. Jeder Mensch kann sich einreden was er will.
– Wenn das so ist, antwortet der Jude, – dann reden Sie sich ein, Sie hätten meine Miete für die zwei Monate schon bekommen!

– Oj, habe ich Zores, beklagt Ben Mendelsohn, Mitglied der Kommunistischen Partei von Amerika seinem Schwager. – Jeden Augenblick wird meine Frau ein Kind in die Welt setzen. Der Arzt sagt, es wird ein Junge sein. Als Kommunist kann ich nicht unserer Tradition folgen und das Baby beschneiden lassen. Auf der anderen Seite will ich, daß er jüdisch wird. Glaub' mir, ich habe Zores!

Eine Weile später kommt ein Anruf von der Entbindungsstation.

– Gott sei Dank, es ist ein Mädchen! schreit Ben zufrieden.

– Was meinst du mit Gott sei Dank! Ihr Kommunisten solltet doch Atheisten sein!

– Sicherlich! Aber in diesem Fall mußt du zugeben, daß wenn es Gott gibt, glaubt er erstens nicht an Beschneidungen und zweitens steht er auf der Seite der Kommunistischen Partei!

Joe Gorowitz, Amerikaner in dritter Generation, hatte seit langem der jüdischen Tradition den Rücken gekehrt. Als aber seine Frau sein erstes Kind gebar, wußte er nicht, wie er bei der Namensgebung vorgehen soll. Er beschloß, den Fall mit dem Rabbi zu besprechen.

– Mein Sohn, fing der Rabbi an, – du darfst deinem Kind den Namen des Vaters oder der Mutter nicht geben. Es ist die Tradition bei uns, das Kind nach einem Mitglied der Familie zu nennen, das bereits gestorben ist. Auf diese Art und Weise bleibt die Erinnerung an den Verstorbenen in der Familie lebendig.

– Welche Familienmitglieder meinen Sie? fragte Joe.

– Nu, du kannst das Baby nach deinen Eltern oder Brüdern, Schwestern, Großeltern, usw. nennen.

– Aber die alle leben noch, sagte der frischgebackene Vater.
– Oj, sagte der Rabbi entschuldigend, – es tut mir so leid!

Mendel und Stern sitzen in einem feinen Restaurant. Beide haben ein Steak bestellt. Nach einer Weile serviert der Kellner das Essen auf einer silbernen Platte, auf der sich ein großes und ein kleines Stück Fleisch befinden. Mendel reagiert sofort und zieht das große Stück auf seinen Teller.
– Was sind das für Manieren, beklagt Stern. Wenn du dich als erster bedienst, solltest du das kleine Stück nehmen!
– Wärst du der erste, der sich bedient, kontert Mendel, – welches Stück hättest du genommen?
– Natürlich das Kleine!
– Nu, da hast du es, sagt Mendel.

Josef Baum war einer der Passagiere eines großen Schiffes, das Emigranten nach Amerika bringen sollte. Er genoß die Fahrt über den Atlantik und hatte gerade seinen Tee getrunken, als das Schiff in einen Eisberg fuhr und sofort anfing zu sinken. Rettungsboote wurden hinuntergelassen, aber die konnten nicht alle Passagiere aufnehmen. Die Menschen kämpften um Schwimmwesten, die Frauen schrien, die Männer schimpften, Chaos herrschte überall.
Nur Josef Baum blieb ruhig.
– Was ist denn los mit dir, schrie der vorbeilaufende Kapitän. – Siehst du nicht, daß das Schiff sinkt? Berührt dich das gar nicht?
– Warum soll ich mich aufregen? antwortete Baum. Gehört es vielleicht mir?

Herr Stein betrat ein exklusives Restaurant in New York. Bevor er die Speisekarte in die Hand nahm, verlangte er eine Vase mit frischen Blumen für seinen Tisch. Ausführlich studierte er die Auswahl der Prädikatweine und bestellte schließlich nach einer langen Diskussion mit dem Kellner über die Ursprungsgebiete und Jahrgänge. Dann bestellte er das Essen und bei jedem neuen Gang schickte er Instruktionen in die Küche, wie das nächste Gericht zu machen wäre.

Nach vollen drei Stunden beendete er sein Mahl mit einigen Gläschen Cognac, einer Havanna-Zigarre und bat um die Rechnung. Kurz schaute er sich die Summe von $ 364 an und fragte:

– Könne Sie sich erinnern, mich schon einmal gesehen zu haben?

– Warum ... ja, ja, Sie kommen mir ein wenig bekannt vor.

– Ja, vor einem Jahr war ich arbeitslos und hatte einen riesigen Hunger. Ich bestellte hier ein Essen und dann sagte ich, ich könnte nicht bezahlen. Können Sie sich erinnern? Mir war kalt, ich war hungrig und hatte kein Geld. Und weil ich das Essen nicht bezahlen konnte, haben Sie den Chef geholt und beide haben sie mich hinaus auf die Straße geworfen.

Der Kellner sah sein Trinkgeld schwinden und begann sich zu entschuldigen:

– Tut mir leid ... kann ich trotzdem etwas für Sie tun?

Herr Stein nickte. – Seien Sie bitte so nett und holen Sie noch einmal den Chef. Ich kann auch diesmal nicht bezahlen!

Frank Sinatra speiste in einem Lokal, als ein junger Mann zu seinem Tisch kam.
– Herr Sinatra, sagte er, – mein Name ist Gregory Bronstein. Könnten Sie für mich etwas tun, bitte?
– Was denn?
– Ich sitze in der Mitte des Restaurants mit meiner Freundin und möchte Eindruck auf sie machen. Es wäre nett, wenn Sie bei unserem Tisch vorbeigehen und sagen könnten: Hi, Gregory!
– Kein Problem, junger Mann.
Eine Weile später stand Sinatra vor dem Tisch des Jungen und sagte: Hi, Gregory!
Der Junge schaute ihn an und erwiderte erbost: – Laß mich jetzt in Ruhe, Frankie. Siehst du nicht, daß ich zu tun habe?

Blom telefonierte mit seiner Mutter und sagte, er habe gerade einen Rubens gekauft.
– Ruben? Ruben, den Delikatessenverkäufer?
– Nein, Mama, Rubens ist ein Maler, erklärte er.
– Ach, das habe ich nicht gewußt, sagte sie atemlos. – Hör mal zu, frage ihn, was er für das Ausmalen meiner Küche verlangen würde!

Herr Lebowitz, ein reicher Realitätenhändler in Florida, baute für sich ein kleines Palais. Voller Stolz lud er seine Freunde ein, um ihnen sein neues Haus zu zeigen. Zuerst führte er sie durch die extravagante Küche und den Diener-Flügel, dann folgte ein riesiger Vorratsraum und Schlafzimmer für seine

Familie. Endlich öffnete er die Tür in den größten aller Räume.

– Das, sagte er, – ist das Speisezimmer. Hier könnten fünfundzwanzig Personen bequem bei Tisch Platz nehmen – Gott behüte!

∽ ∼

Drei jüdische Mamas erzählen über ihre Söhne und jede versucht, mit den Qualitäten des eigenen Kindes die anderen zu übertrumpfen.

Frau Apfelbaum: – Ich habe einen rührenden Sohn. Wenn der Schnee fällt, erlaubt mein Theodor, daß ich hier bleibe und friere? Nein, nicht mein Theodor. Sofort ruft er den Flughafen an und schickt mich für zwei Wochen nach Miami ins beste Hotel. Es kostet mich keinen Groschen, alles zahlt er! Das ist mein Theodor.

Frau Kirschenbaum: Du hast einen guten Sohn, aber mein Harald, wenn es schneit und er fürchtet, ich könnte frieren, ruft nicht nur den Flughafen an, er bringt mich zum Flugzeug. In Miami mietet er für mich ein Haus am Strand. Wer noch hat so einen guten Sohn wie ich?

Frau Goldstein: Keine Frage, beide habt ihr gute Söhne. Aber ich und mein Bernie waren immer sehr gute Freunde. Jede Woche geht er zu einem Mann und zahlt ihm $ 50. Wofür? Nur damit er sich auf die Couch legen und reden kann. Und worüber redet er für dieses teure Geld? Nur über mich!

∽ ∼

Kohn und Roubitschek, zwei alte Freunde, die einander lange Zeit nicht gesehen haben, feiern ihre zufällige Begegnung in einer Bar in New York.

– Ich habe gute Nachrichten für dich, Roubitschek. Ich habe gerade meine älteste Tochter an einen Dentisten, einen sehr feinen Mann, verheiratet.

– Ausgezeichnet! Aber ein Dentist? Du hast wahrscheinlich deiner Tochter eine große Mitgift geben müssen, damit du so einen Schwiegersohn bekommst.

– Frage nicht! Ich mußte mein Geschäft verkaufen, mein Haus belehnen und ihnen alle meine Ersparnisse geben. Jetzt wohnen sie in einer Maisonette, die so exklusiv ist, daß sie mir nicht einmal erlauben, in die Nähe des Hauses zu kommen.

– Du bist ein glücklicher Mann, sagt Kohn. – Ich hoffe, wenn ich meine Tochter verheirate, das gleiche Glück zu haben!

Ken besucht seinen Schwager Melvin.

– Wie ich das letzte Mal da war, sagt er, – hast du eine marktsichere Firma gründen wollen. Hast du das je realisiert?

– Erinnere mich nicht daran! Damals habe ich einen koscheren Delikatessenladen eröffnet, weil ich mir dachte, daß die Menschen immer werden essen müssen. Dann habe ich mir gedacht, daß die Menschen auch sterben müssen und habe gleich nebenan ein Begräbnisunternehmen eröffnet. Ich stellte mir vor, auf diese Art und Weise die Menschen als Kunden zu haben, egal ob sie am Leben oder tot waren.

– Nu?

– Ich machte eine wichtige Entdeckung, Ken. Wir Juden können in dieser Stadt weder leben noch sterben. Wir leiden nur.

Ken und Mevil gingen zu einem Vortrag über die Hypnose. Ken hatte sich als freiwilliges Medium gemeldet, an dem diese Methode ausprobiert werden sollte.
– Und jetzt, sagte der Vortragende, – werde ich diesen Mann in einen Zustand versetzen, bei dem er seine ganze Vergangenheit vergißt.
– Oj wej, rief Mevil von der Zuschauermenge aus, – tun Sie es bitte nicht. Er schuldet mir eine Menge Geld!

~ ~

Zwei Musiker, Moisch und Aaron, spielten bei einer Hochzeit in New York.
– Schau dir das hübsche Mädchen dort in der Ecke an, sagte Moisch zwischen zwei Nummern. – Sie kam vor kurzem aus einer Kleinstadt in Israel. Zeigen wir ihr den Unterschied zwischen richtig und falsch.
– In Ordnung. Du zeigst ihr, was richtig ist.

~ ~

Ein älteres Ehepaar fährt auf der Landstraße, Frau Kohn lenkt. Das Auto wird von der Gendarmerie gestoppt.
– Madam, sagt der Beamte, Sie sind zu schnell gefahren, kann ich Ihren Führerschein sehen?
Die Frau wendet sich zu ihrem Mann: – Was hat er gesagt?
Der alte Mann schreit: – Er sagt, du bist zu schnell gefahren und will deinen Führerschein sehen.
Die Frau gibt ihm ihren Führerschein. Der Gendarm öffnet ihn und sagt:
Ich sehe, Sie kommen aus Arkansas. Dort habe ich vor Jah-

ren eine Frau gekannt, aber die Beziehung war sehr problematisch.
Die Lenkerin wendet sich an ihren Mann:
– Was hat er gesagt?
– Er glaubt dich zu kennen, schreit Herr Kohn.

Kohn und Grün, alte Freunde, sitzen in einer Bar.
– Ist das wahr, sagt einer von ihnen, – daß das Eheleben die Persönlichkeit ändert?
– Kann sein, sagt der andere. – Schau dir zum Beispiel mein Eheleben an. Während wir verlobt waren, habe ich gesprochen und meine Frau hat zugehört. Einige Wochen nach der Hochzeit hat meine Frau gesprochen und ich habe zugehört. Jetzt reden wir beide, und die Nachbarn hören zu.

Wenn du nichts Nettes sagen kannst, sag es auf Jiddisch.

∽ ∼

Wenn etwas gut schmeckt, dann ist es wahrscheinlich nicht koscher.

∽ ∼

Warum sollte man sich ein gutes Essen mit einem zu großen Trinkgeld verderben?

∽ ∼

Die Protestanten verabschieden sich nie und gehen. Die Juden verabschieden sich und gehen nie.

∽ ∼

Sitze niemals in der ersten Reihe bei einer Beschneidung.

∽ ∼

Ohne jüdische Mütter würde man keine Psychiater brauchen.

∽ ∼

Im Leben jedes Mannes kommt die Zeit, wo er aufstehen und deutlich seiner Mutter sagen muß, daß er erwachsen ist. Das passiert meistens, wenn er bereits um die 45 ist.

Wenn du nach dem Preis fragen mußt, dann heißt es, du kannst dir das nicht leisten. Aber wenn du dir das leisten kannst, dann sag jedem, wieviel du bezahlt hast.

Geld bringt kein Glück, aber es ermöglicht jedem, an mehreren Orten zu suchen.

Gastfreundschaft heißt, daß sich Ihre Gäste wie zu Hause fühlen, auch wenn sie sich wünschen, sie wären dort.

Eine Person, die lachen kann, wenn alles schief geht, hat bestimmt jemanden gefunden, der dafür verantwortlich ist.

Kein Ehemann wurde je beim Geschirrwaschen erschossen.

Ein Ehemann ist jemand, der die Abfälle hinausträgt und glaubt, er hat das ganze Haus sauber gemacht.

∽∼

Wenn wir das sind, was wir essen, dann bin ich einfach, schnell und billig.

∽∼

Ein jüdisches Dilemma: Schweinefleisch in Aktion, Schinken umsonst.

∽∼